JN123413

文学理論と文学の授業を架橋する

――虚構・語り・歴史と社会――

扇田浩水・山田夏樹・
大澤千恵子・千田洋幸
編著

GTP 東京学芸大学出版会

はじめに

千田　洋幸

一般に、文学教育と文学研究は隣接する領域と見なされているだろうが、じつはこれまで両者の協同が具体的な形で結実した例はそう多くない。文学教育が基本的に児童・生徒の読解能力を育成することを目的としているのに対し、文学研究は教育の視点を持ち込むことを必須としているわけではない。また、文学教育の実践は文学研究の成果をかならずしも積極的に取り入れてきたとはいえず、逆に文学研究の側では文学教育の成果が軽視されがちであった。

こういう傾向に拍車をかけているのが、近年の国語教育における、コンピテンシーベース、スキルベースの方向性であることはいうまでもない。これまでの国語教育のなかで蓄積され価値をあたえられてきた言語・文化に関する「内容」の学習は二義的な扱いとなり、実用的・汎用的な「資質・能力」の獲得が第一にめざされることになる。長いあいだ重視されてきた個別教材――とりわけ文学――の解釈可能性・学習可能性の追求は研究の主流ではなくなり、国語教育系の学会誌では教材名をタイトルに掲げる論文がめっきり少なくなっている。研究・実践いずれの場所でもコンテンツの比重が低下してゆく状況のなかにあって、文学の授業における文学研究の役割はさらに縮小せざるをえない。

このような現状を見すえつつ、私たちは文学の授業に文学理論の概念を導入する試みを世に問うことにした。執筆したのは、学内予算による文学教育プロジェクトに数年前から関わっていたメンバーである。もちろん、ひと言で文学理論といってもその領域は広大であり、すべてをカバーできるわけではないが、本書では「虚構」「語り」「歴史と社会」という三つの概念を焦点化することにした。これらの概念はそれぞれ指し示す広さも水準も異なるが、教材研究あるいは実践の場においてしばしば問題となることであり、文学教育と文学研究とを接続するための有効なフックたりうると判断したからである。

文学理論と実践の融合を意図する類書はすでにいくつか刊行されており、本書は格段に斬新な地平を切り拓いているとはいえないかもしれない。だが、第一線の国語教育実践者と文学研究者が、それぞればらばらに論文を書くのではなく、一定の協力・協議のもとに成り立った成果を集めて一書としたことに、本書の意義が見いだされるのではないかと思う。文学教育と文学研究、あるいはコンピテンシーベースとコンテンツベースとの対立・並行を止揚する——というスケールの大きな結果を得ることはまだ先の話だろうが、それに近づくための一歩として受けとめていただければ幸いである。

目　次

国語教育における文学理論の意義

扇田　浩水・山田　夏樹

文学理論は国語教育の現場においてどのように受け止められているのだろうか？　そもそもどこまでが理論でどこからが実践か、といった線引きはおそらくなく、理論を伴わない実践なども存在しないはずである。つまり実践とは、何らかの理論を通して行われるものに他ならない。そうした点に自覚的であるかどうかが、理論というものに対する受け止め方に関わってくるだろう。そのため、これよりいくつかの考え方を提示しつつ、現在の状況について確認していきたい。

まず、理論や方法論と聞くと身構えてしまい、拒否感、反発を覚える向きもあるかもしれない。例えば宇佐美毅[1]は2012年刊行の書において、「今から20年ほども前、私がまだ大学に勤めたばかりの頃に（略）フィクション研究についての講義」を行った際、ある学生から「自分は〈方法〉を使って文学作品を読みたくない。もっと素直に自分の〈心〉で文学作品を読みたい」といったコメントを授業後に返されたという。そして、「気持ちとしてはよくわかる」ものの、「趣味の読者ではなく「研究」の世界では、こういうコメントには少し問題があ」るとし、次のように述べている。

> とても自然なコメントのようにも見えますが、どこに問題があるか、おわかりでしょうか。／一番問題があるのは「素直に読みたい」というところです。自分の読み方が「素直」であると信じているということは、他の読み方は「素直」ではない、つまり自然ではないと思っているとい

---

[1] 宇佐美毅『テレビドラマを学問する』（中央大学出版部、2012）。

うことです。こうした発想は自分を絶対視することにつながり、ひいては自分以外の人の考えを無前提に排除することにもなりかねません。

ここでは「「研究」の世界」が対象とされているが、空間を共有する教室の場においても同様のことが言えるだろう。「自分の読み」を確立しつつ、「自分以外の人」はどのように読んだか、それは何故そのように言えるのか、といった点を、「自然」「素直」にではなく、理論的、方法論的に考え、言葉にしていくことが、現在改めて求められていると言える。

それは、しばしば誤解されているようであるが、文学作品の読みに答えなどもともと無いためでもある。試験の解答は、先述の宇佐美が述べるように、あくまでも「ある部分を切り取ってある尋ね方をしたら、それに対してどのような解答になるか」を問うものであって、読みの答えを聞いているわけではない。実際に、近年は教室の場においても、より多様なものの見方が重視されるようになっている。岡田真範[2]は次のように述べる。

いわゆる「近代」においては、正解を知っている者が教師であり、その教師の視点で読むことが望まれ、その熟達度によって階層化されてきました。一方、近代以降では、社会構造の変化に伴い、価値観が多様化するにつれて、学習者の多様な視点を重視するようになり、かつて正解を知る立場にあった教師は、学習者の多様な視点を交わらせ、考えを深めることを導くコーディネータに変化しつつあります。

ただし、それぞれが「自分の読み」を明確にし、教室が文字通りの意味での多様な読みが生まれる空間となる瞬間は、そう頻繁に訪れてくれるものではないだろう。多数の中で、しっかりとした「自分の読み」や意見を主張し合うことは、容易に行えるものではない。

2　岡田真範「【コラム】視点」（助川幸逸郎編著『文学授業のカンドコロ　迷える国語教師たちの物語』文学通信、2022）。

例えば小平麻衣子[3]は、個人が読みの立場を明らかにすることについて、「どう読んだかを自分で引き受けるだけ」としながらも、それが「正しいという保証もな」く、「過剰に自分が見えてしま」う行為のために「不安」を伴うものであるとする。ただし、その上で「不安」を取り除く方法としてあげられるのが、「技術」――本稿の言葉に置き換えれば理論である。

> こうした不安を自信に変えるために、確実に意味を読むことや、なぜそう考えるのかという意義を説明することを練習するのです。言葉の意味を適切な範囲で理解することと、自分がどの立場をとっていくのかを主体的に選び、その意義を説明すること。この両方の面で、文学の勉強や研究には技術が求められます（略）。（略）分析の手続きを経ない主観は、単なる〈思い込み〉に過ぎません。

多様さが重視されるものの、それが、「思い込み」や、結果として「自分以外の人の考えを無前提に排除する」ような「素直」「自然」な読みの羅列となれば、単に〈人それぞれ〉が横行する場となってしまうだろう。大学を例とした話になるが、先述の宇佐美は「特に入学したばかりの１年生から聞かれる言葉として、「感じ方は人それぞれだから」というものが」あるとしている。これは「素直に読みたい」という発言と重なるものと言えるだろう。

それは教室の場にとどまらない、現在的な問題である。山本昭宏[4]は、2000年代以降の「自己責任論」やインターネットの浸透とともに、「「価値観は人それぞれ」という言い方で表面的には相手を尊重し、個人の思想信条をぶつけ合うことを避けようとする」状況が訪れているとした上で、「社会問題として広く議論されるべき問題」も、「それぞれ」の「価値観の一つ」「個人の趣味」に過ぎないものとして看過されるようになっていると

---

[3] 小平麻衣子『小説は、わかってくればおもしろい――文学研究の基本15講』（慶応義塾大学出版会、2019）。

[4] 山本昭宏『教養としての戦後〈平和論〉』（イースト・プレス、2016）。

する。

つまり、現在の社会での、多様さを重視する姿勢は、実態では表面的なもの——「人それぞれ」にとどまってしまっている可能性があり、言い換えれば、「それぞれ」がばらばらに「自分」を主張する状況となっている。そして宇野常寛[5]は、そのような状況において「物語」が、「読む」ためのものではなく、「コミュニケーション」の材料に過ぎないもの——二次的な道具と化していることを危惧する。

> 21世紀に入ると、インターネットの登場でむしろ自分が体験したことを「自分の物語」として発信することのほうに人々の関心が傾いた。(略)／その結果として、「他人の物語」を提供するオールドメディアの側も現在の情報環境に適応しはじめている。(略)コンサートや競技スポーツ観戦も、プレイの内容やゲームの展開は二の次で「あの正月は家族と沿道で応援した」といった自分の物語のための素材として消費されることを前提にその興行が設計されるようになって久しい。／(略)人類は「自分の物語」を語り、発信する快楽を覚えてしまった。(略)作品を株券のように扱い、「みんな」が支持しているものを自分も支持することで一体感を味わうゲームに、作品を鑑賞することそのものよりも大きな快楽を感じている。あるいは、表現されたものの政治的に正しくない側面を指摘し、タイムラインでその意識の高さを誇る行為のもたらす充実感に酔いしれている。

加えて宇野は、こうした受容の中で「読者／観客」が、自ら読解することにではなく、「作者」の見解や人生に作品理解を委ねて、後は「他のみんなが褒めている／貶めているものに、自分がのるかそるか、どちらにすればポイントが稼げるかという現実」への「興味」を持つようになっているとも指摘する。

---

[5] 宇野常寛『2020年代の想像力』(ハヤカワ新書、2023)。

こうした、「作者」の意図や、読みの「指定」への従属、あるいは他者の見解に対して〈作者はそこまで考えていない〉などとして、「読者／観客」が解釈すること自体を否定するような振る舞いなどは、インターネット上だけでなく、ときおり教室でも見られるものである。つまり、「人それぞれ」――これが問題であることは確認した――と言いながら、実態では答えを求めている、そのような安易な状況が訪れてもいる。実際に、先述の岡田の言及とは異なり、現在も「教条的」な「読解」の指導が為され、それが「文学研究が現場では使えないという主張」を生んでいるとも指摘される[6]。現在の、二次的な道具としての「作品」消費のあり方との関連性は明確ではないが、「物語」をめぐる同時代的な現象ではある。無数の「自分の物語」が発信される一方、実態では「作者」の意図のような一元化されたものを前提のようにし、後はそれに「のるかそるか」――そうした環境になっているとすれば、多様性という言葉が美名として表層的に流通している分、危険な状況とも思われる。

このようなあり方は、インターネット上を含め、「私」「自分」の存在の表明を求められる、現在の状況下での「不安」の裏返しと言えるものであるかも知れず、改めて自身の考えについて筋道を立てて言葉にしていくための理論の重要性が窺えるのである。

では、多様な読みが生まれることと、自身の読みを確立していこうとする努力とのバランスはどのように考えればよいのか。安藤宏、高田祐彦、渡部泰明[7]は「文学テクストはわれわれの先入観や常識を翻していくパラドクシカルな多義性に満ちている」と述べた上で、次のように指摘する。

6　西田谷洋『文学教育の思想』（渓谷社、2022）は、「文学研究が現場では使えないという主張は、指導書・ワークブック・テスト見本が規定する実践、あるいは全校で統一された教育内容に反してしまうということが理由である。／この背景にあるのは、作品の意味が作者の意図していたものによって決定するという考え方であり、それは作品を支配する教員がその答えを決定できる構図にパラフレーズされる。このアプローチはどの程度作品を固定できるかによって評価される。したがって、読解の多様性を縮減すべく物語のポイントのみを教条的に読解することが推奨される。言い換えれば、縦横無尽な読解の多様性など必要ないのであり、むしろそれは邪魔なものとして否定される」と現状を批判した上で、理論の有用性について述べている。

7　安藤宏、高田祐彦、渡部泰明「はじめに」（『読解講義　日本文学の表現機構』岩波書店、2014）。

> 時代の文化や状況への問いもまた、目の前にある個別の表現をいかに読み解くか、という課題と無縁にあるはずはなく、問題を解くすべてのカギは言葉それ自体の働きの中にしかないのである。言い換えれば、あくまでも言葉との徹底的な格闘をくぐり抜けることによって、はじめて、人間や文化、社会の問題に至ることが可能になるのであるが、それは文学テクストがそもそも書く側、読む側双方にとって、新たな世界との出会いを求めて言葉というものに賭ける切実な場である、ということに思いを致せば、むしろ当然のことと言えるだろう。

ここには「豊饒な読みを導き出すためにこそ、逆に一言一句もゆるがせにしない、厳密な解釈が要求される」という根本的な文学研究の姿勢が述べられており、生徒個人の「素直」な読みが、安易な読みであってはならないということを改めて考えさせるものとなっている。

1　文学理論と教育現場

以上を踏まえて、授業実践の現在の状況に言及したい。極端に言えば小説の羅列でもカリキュラムが成立してしまう科目において、体系的な理論の獲得はそれほど意識的に行われていないということが、現状としてあるのではないか。教員側がそうであれば、当然生徒も、自分がいま何を身につけているのかということに自覚的になることは難しいだろう。

実際、中学校の教科書に出てくる読み方のスキルなどの用語は、授業において素通りされていることも多い。定番教材になる程それは顕著なのではないだろうか。従来通りの授業を変更することに抵抗があったり、共同で授業クラスを分担していたりする場合、新たなスキルに合わせて教材ごとの授業構想を作り直し共有するのは容易ではない。プリントづくり、テスト問題までに影響が及ぶからだ。例えば、語り手の概念は、現行の中学校の全教科書に取り扱いがみられるが、学習用語として定着したからといって実践でどのように扱われているかは今後も検討が必要である。

このような傾向は中学校より高校の方が強いといえるだろう。初出の文章を読み、問題を解いていく作業が必須となるような入試対策の国語などでは、生徒が授業を通して何を身につけているのかということと、実力（点数）のつながりが見出しにくくなる。とりあえず目の前の教材を授業化するのが精いっぱいという場合もあれば、教材研究する以前に、受験科目としての解答力育成に役立つ授業をしなければならない場合もあるなど、教員も校種によってその比重は微妙に異なる。そこに、各教員の経歴——教え方を学ぶのか、教えるものを学ぶのかといった、例えば教育学部、文学部など学部の出身の違いも関係し、大学で専門的に学んだことと、現場で担当する内容が直接つながることなど稀な中で、理論と実践の線引きは曖昧なものになってしまうのである。

こうした状況を踏まえた上で、本書では国語教育における文学理論の意義を再確認する。そこでは、大学生、教育実習生、そして現場に出たての新任教員、ある程度経験を積んで自分の専門を振り返り、自分らしい授業をしたいと考える中堅教員、新しい指導要領に即した授業変革を求めるベテラン教員——様々な立場でのニーズに対応すべく、研究者と実践者の両方の立場から理論の有用性を検討していく。

2　現場の実態とは

具体的に見ていくと、例えば先に触れた語り手という学習用語は、中学一年生の教科書にも登場するようになっている。しかし筆者は、大学に入学し、小説の授業を受講した際に、初めて意識した概念であった。そして作品分析をする際も、先行研究を理解するのに格闘し、どのように国語教育に活かすかということは、学部生の時にはよく分かっていなかった。

それは、大学で現在国語科教育法を学ぶ学生の反応ともそう変わっていないように見える。そうであるとすれば、現場で突然出会った語り手を小説の授業で取りあげ、どのように授業に組み込んでいくかということを工夫するのは容易ではなく、またそのことを長い時間を掛けて考える余裕は、たくさんの仕事を抱える教員にはそう多くはないだろう。そのため人称の種類（一人称の語り手、三人称の語り手）と共に教え、単なる学習用語の獲得程度の意味しか担わない可能性もある。

また、大学生に小説の授業の教材研究をして模擬授業をする課題を与えると、こんな大変なことを、仕事をしながらできるとは思えない、という不安を露にする反応も多い。ただでさえ教員の仕事量の多さは皆の知るところとなっているのに、教材研究までするなんて到底無理だ、という思いから、自分には向いていないと教員になること自体をあきらめてしまう雰囲気が生まれてしまうことさえある。または教育実習をやり抜き、得がたい経験をしたと感じるものの、それを良い思い出にして、他の進路を目指す例も散見する。

理論の分かりやすさと、実践との関係が明確となり、単元計画に組み込む必要性が感じられ、教員が意欲的に向き合うことにならなければ、理論の意義は薄れてしまうだろう。演習問題を解く方が生徒にとっても教師にとっても意味があることになってしまうからだ。

3　文学教育の可能性とは

改めて問えば、そもそも文学教育の意義とは何だろうか。

現実の世界にある楽しみ、ありとあらゆる不安、心の動きを、文学に触れる中で言葉にし相対化していくこと――この体験は、子どもの成長過程において非常に重要なものになる。言葉を意識することで、いまある自身の環境を俯瞰的に捉え、喜び悩みを見出しながら、ものごとに対峙する姿勢を身につけることができるためである。

そうした文学との関わりについて石川巧[8]は次のように述べる。

> 私たちは文学作品を読むことで自身の生を相対化することができます。（略）比喩的な言い方をすれば、〈私〉は読書行為を通じて出遭っ

---

[8] 石川巧「序　本書の狙いとコンセプト」（石川巧ほか編著『文学研究の扉をひらく　基礎と発展』ひつじ書房、2023）。

たこともない人々とつながり、〈私たち〉になることができるのです。もちろん、厳密な意味において私が〈私〉という小部屋の外に出られるわけではありませんが、読書行為を通して現実には体験できないような事象に遭遇し、そこにリアリティを感じることはできます。／それは、現実と虚構の境界に身をさらすことだと思います。

加えて石川は「〈私〉は読書行為という出来事を通して、自分がさまざまな支配や抑圧を受けていること、偏見や先入観でものを見ていたことを自覚し」、「あたり前のように信じられていることを疑い、この世界に生きていることの意味や目的を問い直すことができるようにな」るとする。

ただし読書行為を通して虚構と出会うことが、自身の生の問い直しに繋がるためには、ここまで確認してきたように、理論が必要となる。そこで本書では、虚構との出会いを、語りへの注目、言葉、物語を歴史的な文脈で捉えることを軸に考察する。例えば語り手の概念で言えば、本書第２章でも見ていくように、公平で中立的、ニュートラルな語り手などは存在しない。語り手は、人格、個性、価値観、つまり人間らしい偏りをそれぞれ持っている。そのことへの注目は、物語の内容だけではなく、それがどのような存在（語り手）によって、どのような形でつづられているのか、ということへの興味につながる。内容ではなく、語っている人、意見を表明している人への関心の高まり、また、それを聞き、読む「私」「自分」がどのように感じるのか、加えて、そんな自身に対して他者がどう反応するのか――先述のように、自意識が強まり無数の「自分の物語」が発信される一方で、実態では「作者」の意図のような一元化されたものを前提にしてしまっているようにも見える近年の状況に鑑みても、語りへの注目は、自身の置かれている状況や、社会に対する問い直しを生む、現在的な意義があることを改めて確認できるのである。

我々が普段からこの現実を言葉によって把握し、物語化しながら日常を送っているのだとすれば[9]、そうした生き方自体を浮彫にし、意識化させる貴重な場に、文学教育との出会いはなり得る。つまり授業での理論、実践を通して、言葉、ものの見方、揺れ動く感情など、様々な要素に語りかけられることで、自身を再構築する視点を持つ可能性につながるのである。それは教員にとっても同様であり、仮に何となくの感覚で行われていた実践があるとすれば、実際にはその授業がどのような理論に基づいているのか、という内実に向き合い、意識的になることを通して、自身の方法を問い直す契機となるのである。

理論の意義が先にあるというよりは、生徒が深い思考力をもって生き抜くために、文学とその理論がどのような力を、つまり観点や概念を彼らに与えられるか、それが明らかにならなければ、文学教育自体の意義も薄れてしまう。実践を繰り返しながら、生徒がより良い言葉、考え方を身につけていくことの必要性が改めて問われている。

---

9 「我々の記憶自体が、物語の様相をもって構築されている」「我々は、現実の出来事を物語化し、その感情や感覚を詩化して生きている」とする疋田雅昭は、次のように述べる――「我々が、ある人物を理解している、よく知っているといった事態は、いかなることを示しているのだろうか。「やさしい」という人物属性は、その人間をめぐる「やさしさ」をめぐる物語の記憶が伴って初めて、その属性として機能する。(略)／こうして考えてみると、物語の登場人物をよく知っていることと、現実の人間をよく理解していることは、さほど変わらない構造によってなされているのではないかと思われる。これは、物語好きは、虚構と現実の区別が付いていないという批判ではない。我々は、虚構であっても、現実であっても、同じ仕組みに基づいて世界を理解しているのだ」「フロイト以後の精神分析の知見は、精神的な病とは、言語化出来ない出来事（トラウマ）から呼び起こされる苦しみであると見出した。そして、病を治癒する有効な方法は、他者に語ることであることを「発見」した」(『トランス・モダン・リテラチャー――「移動」と「自己（アイデンティティ）」をめぐる芥川賞作家の現代小説分析』ひつじ書房、2021)。また、「詩歌は「自分」を教えてくれる」とする長山靖生は次のように述べる――「詩や小説を読んでいて、「分かる、分かる」という気持ちになることがありますが、でもその気持ちは、詩を読むことではじめてちゃんと意識できた」「ただ寒いだけの冬の通学路や、暑いだけの夏の日射しが、詩人の言葉を通して美しい季節に変わった覚えはないでしょうか。(略) 好きだという気持ちも、詩人の言葉で把握した人も少なくないはずです(歌詞を含めれば、これは今も変わらないと思います)」(長山靖生『恥ずかしながら、詩歌が好きです』光文社新書、2019)。

第1章
テクストと虚構

「テクストと虚構」理論編

何よりもまず、小説が虚構であることを再確認しておこう

山口　俊雄

この「テクストと虚構」グループのねらいについて、文学研究者の立場から一通り確認しておきたい。

最初に確認しておくべきことは、小説・文学作品が持つ根本的な性質としての虚構性である。事実そのものあるいは論理そのものに最大の価値を置くのとは別の表現形態・コミュニケーション形態であるということである。いったん現実そのもの、事実そのものを括弧に入れて、別世界（リアリズムからファンタジーまで、現実離れが小さいものから大きいものまで幅がある）を設定し、その一つの独立した世界を通じて、何かを作者は表現し、読者に伝えようとする。

別世界を設定すると述べたが、それはどういうことか。

> 現実の人生では、人間はお互いに完全に理解しあうことはありえません。相手の心がすべてわかることもありえません。自分の胸の内をすべて告白することもありえません。われわれは表面に現われた言葉や表情や身振りによって、お互いにだいたいのところを理解しあうだけです。そして（親密な交わりも含めて）、現実の人間同士のつきあいに必要な土台としてはこれで十分です。しかし小説の登場人物は、もし作者がそうしたいと思えば、読者によって完全に理解されることが可能です。外的生活だけでなく内的生活もすべて読者の目にさらすことができます。歴史上の人物や自分の友達よりも小説の登場人物のほうがはっきり見えるような気がするのはこのためです。登場人物についてわかっていることはすべて読者に知らされます。不完全な登場人物でも非現実的な登場人物でも、とにかく秘密は持っていません。し

かし現実の人生では、われわれの友達はみんな秘密を持っています。また、持たなくてはなりません。お互いに秘密を持つことが、この世に生きる条件のひとつだからです。[1]

これは、「眺めのいい部屋」「ハワーズ・エンド」「インドへの道」などの作品で知られるイギリスの小説家E・M・フォースター（1879〜1970）による小説論『小説の諸相』（1927）の中の一節であるが、たいへん平易な言葉で、虚構としての小説が別世界を設定・創出するときにどういうことが起っているか、小説なる形式の重要な特徴の一つを指摘している。

虚構（フィクション）としての小説と言った場合、対立物としてノンフィクションが呼び出されることが多く、その場合、現実を改変せずに取り上げるフィクションに対して、小説は虚構＝「虚を構える」と呼ぶ通り、現実を改変したもの、あるいは作者の想像力に従って現実に無いものを書き記したものと認識される。（ノンフィクション・ノヴェルと呼ばれるタイプの小説もあるが、現実をもとに小説的に仕上げているという点で、やはり小説（虚構）の一種と見るべきものであろう。）このような対比による捉え方も、これはこれで間違っているとは言えないが、ただ、これだと書かれる対象が現実そのままかそうでないかという対象の違いが基準になっているだけであるかに見える。

フォースターの指摘に立ち戻ってみると、彼は、現実の人間どうしは相手の心の内を完全に理解することはできないのに対して、小説の登場人物については、読者がその心の内を完全に知ることができる場合があると指摘している。これは、対象の相違にとどまらない、もっと認識に関わる質的な、それもかなり大きな質的相違ではないだろうか。

さて、このあたりの虚構としての小説の特徴をどう捉えるかという問題については、高橋幸平・久保昭博・日高佳紀（編）『小説のフィクショナリ

1　E・M・フォースター（著）、中野康司（訳）『E・M・フォースター著作集 8 小説の諸相』みすず書房、1994、68頁

ティー理論で読み直す日本の文学』[2]という研究書がたいへん手際よく整理し、分かりやすい見取り図を示してくれている。同書は、言語学の方法論を援用して、虚構へのアプローチを、《意味論的アプローチ》、《統語論的アプローチ》、《語用論的アプローチ》の三つに大別し、それぞれ次のように定義している。

> 第一に、もっとも素朴なものとして、表象が現実世界を参照しているかどうかという点をフィクションの条件とする立場が考えられる。すなわち「何が表象されているか」を判断の基準とするのである。現実世界を表象していないもの。たとえばドラゴンや妖精が登場する物語を私たちはフィクションと呼び、一方、現実世界を表象するもの、たとえばニュース記事などをフィクションとは呼ばない、と考えるのである。なかにはこれをもっと積極的に推し進めて、フィクションは現実世界を参照していないというだけではなく、特定の虚構世界を参照しているという立場もある。そしてそのような虚構世界の正体は、現実世界の周囲にそれとよく似た無数の可能世界を措定する可能世界意味論の観点から説明されることもある。このように表象の内容を根拠にフィクションを定義しようという態度を、「言葉（命題）」とそれが参照する世界の「事物」との関係に着目するという意味で「意味論的アプローチ」と呼んでおこう。
>
> 第二に、何が表象の対象となっているかということ以上に、表象の提示のされ方、特に言語的な表象の場合は、出来事の描かれ方や語られ方にフィクションの条件を見ようとする立場がある。つまり「何が表象されているか」よりも「どのように表象されているか」という点に注目するのである。ある一つの歴史的な出来事について書かれたものでも、その書き方によってフィクション（歴史小説など）と呼ばれることもあれば、フィクションではないもの（歴史書）として認識さ

2　ひつじ書房、2022

れることもある。たとえば現実世界では知り得るはずのない他者の内面を語り手が語る場合、あるいは記録に残っているはずのない会話が再現されている場合などは、それらをフィクションであることの証左（虚構性指標）と考えることができるかもしれない。フィクションにはフィクションに固有の文体・文法があるという立場である。さきほどの意味論に対して、これを「統語論的アプローチ」と呼んでおこう。

意味論にせよ統語論にせよ、フィクションである根拠はその表象の内的特徴に求められたが、一方で、表象の外部、すなわち表象を取り巻く社会的な文脈にフィクションの条件を求める第三の立場があり得る。「表象がどのように扱われているか」という点をフィクションとそれ以外とを区別するポイントとして重視するのである。表象の内容やその語り口以上に、表象を取り巻く文脈の方が重要だというのは、一見直感に反するようにも思える。しかしたとえば、誰かが恋人に宛てた文章を、偶然拾った手紙として目にした場合と、作者名とタイトルのついた小説の一部として文庫本の中で読んだ場合とでは、たとえそのテクストが一字一句同じであっても、フィクションかどうかという判断は異なるだろう。また、同じ言葉でも話し手が聞き手を騙そうという意図に基づいて発したものと、そうでないものとでは、フィクションとしてのステイタスは異なると言わざるを得ない。このように、話し手や聞き手の意図や信、あるいは両者の契約を可能にするパラテクストなど、表象が提示される社会的文脈をフィクション性の条件として重視する立場を「語用論的アプローチ」と呼ぼう。（以上、11、12頁）

このアプローチの三分法に従えば、既に触れたことを、三つのどれかに整理することができる。別世界を設定すること、ならびにノンフィクションと対比対照させることは、第一のアプローチと関わり、フォースターが指摘した他人の内面を明らかにできることは、第二のアプローチと関わるだろう。

このように虚構としての小説へのアプローチをざっと大別してみた上

で、次に、教育・授業の現場でどのような活用が可能か、概ねアプローチごとに順を追って、考えてみよう。

1) 意味論的アプローチ

国語科では、児童生徒に読ませる文章（現代文）を、評論・小説・詩歌に分けるのが一般的であろう。いま詩歌は別にするとして、評論＝論理的文章に対置されるべきものとしての虚構の世界＝小説という位置付けがなされている。国語科の教科書の作られ方、教材選択ということを考えればやむを得ない面もあるが、この対置は非常に一面的とも言える。本来なら〈現実の再現を主眼とした文章〉と、〈現実とは別のものの構築を主眼とした文章〉との対立というあたりが、より普遍的包括的な捉え方となるのではなかろうか。

児童生徒の多くが、おそらく作者が実体験あるいは想像に基づいて書いたのものとして小説教材を認識していると思われるが、そんな中、虚構性を強調することにどのような意義があるか。

ひとつには、文学作品が言葉によって、多くの場合言葉のみによって作り上げられた世界、言葉の組織化・配置によって可能になった現実とは別の世界であることへの気付きを促せるということがあるだろう。授業時間が限られる中、言葉に託された意味を理解するという道具的言語観に基づいた語釈・注釈的な作業でかなりの時間が取られてしまうのもやむを得ないだろうが、言葉の配置、組み合わせ、喚起力といったものが言葉による世界構築にあずかっている以上、そういったものをじっくり反芻してみることは、読むことを書くことにつなげる大事な作業であるはずだ。

特に一人称語りの小説の場合、児童生徒は得てして作者の実体験に基づいて書かれた作品であると思い込みがちであろうが、虚構を体験談として、語り手と作者とを同一人物であると大雑把にあるいは無意識的に受け止めてしまうことの何が問題かということを、ここで確認しておこう。

作品が、体験、事実を提示したものという了解の中では、工夫を凝らして作られたものであることへの関心が向かいにくく、面白さや感動が言葉経由で、構築された言葉経由で与えられたという経緯・仕組みへの興味関心が生じにくいだろう。この点が問題である。良い話を読んだ、面白かったというだけでは、国語科の教材として、学習者の表現力等につながるチャンネルが狭まってしまう。

仕組み的な面、認識論的な問題は、むしろ次の「統語論的アプローチ」の範疇となるが、言葉の喚起力、言葉の連なりが別世界を作り上げる力に注意を促すことは、授業中のさまざまな局面で可能であり、積極的に行なうべきことではなかろうか。

評論文でも、概念化による世界の見え方の更新、新たなものの見方の発見といったことが関わることは多く、これまで無かったものを生み出す、これまで見えなかったものを見えるようにする（可視化、見える化）という点で、虚構の問題と全く無関係とは言えないが、評論文の場合、別世界を創出するというよりも、現実世界の読み換えへと促すという側面が強いと言えるだろう。

小説＝虚構が言葉によって作られたものである以上、別の作り方もありえたということへの気付きを促すという選択肢もあるだろう。主教材として与えられた小説作品の典拠、パロディ、後日談、二次創作、メディアミックス（マンガ化、アニメ化、映画化）などと読み比べるというやり方が考えられる。

その際、可変的な要素と、不可変的な要素とを見分けさせることがひとつポイントで、動かしがたい作品の本質的要素とでも言うべきものが何かを考えさせることは、作られたものを対象にあれこれ考える中で重要な作業のひとつとなるだろう。

今日文学研究・文化研究の分野では〈アダプテーション研究〉というアプローチが一般化してきているが、これは、従来の、小説のオペラ化、映画化，ドラマ化等に加えて、デジタルゲーム化の隆盛なども睨んで、そういうメディアの移し替えによって何が起こり、どのような（知的・エンタテインメント的・政治的）効果が窺われるかを研究するものである。

メディア、ジャンル、型とコンテンツとの複雑な関わりを論じるというこうしたアプローチは，授業作りのために一つ参考になりそうである。各論的な議論は多々あるが、リンダ・ハッチオン著（片渕悦久，鴨川啓信，武田雅史訳）『アダプテーションの理論』[3]が総論的な著作として特に有用である。

アダプテーション研究というアプローチは、メディアごとにどのように表現手段・表現資源を活用動員するかという点では「統語論的アプローチ」に関わり、ジャンル横断的なアプローチではあるものの、それぞれのメディアの特性、ジャンル性が抱えた歴史的・商業的な文脈への関心と切り離せないという点では「語用論的アプローチ」に関わるだろう。

2) 統語論的アプローチ

「小説は虚構であり、すなわち嘘であり」という言い方はよくされる。現実との関連で表象のありかたを位置付けることは、既に見た「意味論的アプローチ」に関わるが、小説が嘘であるという捉え方がなされる場合、「嘘ではあるが、魅力的で感動的な真実を創りだしている」、「虚構を通して人間や社会の真実を描くのが芸術であり、文学なのです」といった言葉が続くことが多い。

嘘が、あるいは虚構が、なぜそのような力、能力を持っているのか、と問うならば、既に「統語論的アプローチ」の範疇に入っていることになるだろう。虚構は現実そのままとは違うのであり、虚構世界に関わるさまざまな約束事が別途存在することは言うまでもない。ここから、リテラシーの問題とも直結することになるだろう。

ほとんどの児童生徒は、幼時から、紙芝居、絵本、児童書……とさまざまな虚構に接してきたはずで、その中で、虚構世界と付き合うための約束事・リテラシーといったものを経験則として身に付けてきたはずである。必ずしもはっきり意識化されていない場合が多いだろうが、無意識的に身に付けているはずのそういった約束事・リテラシーをはっきりと意識

3　晃洋書房、2012（原著は2006；原著についてはヴィデオゲームに関する増補がなされた新版が出ている）

化し、道具として操作できるようになってもらうために、語り手、視点といったことを身に付けさせるのが大事になってくる。既に無意識的に身に付けている以上、グズグズする必要はない。R18（18禁）まがいに先送りする必要はない。

先に引いたフォースターは、次のようなことも述べている。

> われわれは虚構の人間を、現実のいかなる人間よりもよく知ることができます。虚構の人間のすべてを知ることができます。つまり、創造者と語り手が同一人物だからです。（フォースター前掲書、80頁）

創造者＝語り手であるから登場人物の内面も含むすべてを知ることができるというのは、虚構に関する非常に決定的な性質だが、小学生低学年はともかく、それ以上であれば、説明されれば納得できることがらではないだろうか。

例えば高校の教科書に収録されている芥川龍之介「羅生門」の次の箇所。

> 作者はさっき、「下人が雨やみを待っていた」と書いた。しかし、下人は雨がやんでも、格別どうしようと云う当てはない。ふだんなら、勿論、主人の家へ帰る可き筈である。所がその主人からは、四五日前に暇を出された。前にも書いたように、当時京都の町は一通りならず衰微していた。今この下人が、永年、使われていた主人から、暇を出されたのも、実はこの衰微の小さな余波にほかならない。だから「下人が雨やみを待っていた」と云うよりも「雨にふりこめられた下人が、行き所がなくて、途方にくれていた」と云う方が、適当である。（形式段落5つめの前半部、青空文庫に拠り、ルビは省略）

「作者」と称する者がせり出して来て語り始め、前の記述を修正し、また作中世界に関わる情報を追加している。語り手が「作者」として作中に顕在化し、メタフィクショナルな構造が露呈している箇所であるが、まさにフォースターの言うように「創造者と語り手が同一人物」であるからこそ、記述を訂正したり、情報を付け加えることができるのである。

同じ作品の末尾は「下人の行方は、誰も知らない。」であった。作品世界の創造者である語り手が知らないことなどないはずであるが、作品を締めくくるためになされる、こういう無知の偽装なども創造者の権能であり、いささかトリッキーな印象を与えるとはいえ、創造者に与えられた自由である。

これは、語り手といった言葉を用いて分析的に教えるべきではない高度で難解なことがらであろうか。分析的に教えれば、すっきりと理解できるはずのことがらではないだろうか。逆に言えば、「羅生門」を読ませておきながらそのようなことは教えない、というやり方が許されて良いのだろうか。

3) 語用論的アプローチ

文学作品、小説が虚構である、フィクションであるということに注目した時に触れないわけにゆかないのが、近年、SNS、インターネットに関連する問題として頻繁に取り沙汰されるフェイクニュース、フェイク動画などのフェイクとフィクションとの違いという問題である。納富信留は次のように言う。

> フィクションとフェイクは、現実にある本物ではない「偽物」である点で共通する。だが、フィクションには「真であるように見える、見せかける」という条件は入っておらず、欺きは意図されていない。むしろ「フィクション」という領域限定において、真実や事実ではないという了解が共通前提となっている。欺きが意図されていない以上、真実とは異なる想像の世界と出来事は、最初からそのようなものとして受け取られる娯楽であり、無害である。むしろ「想像上」という条件によって、より自由な表現や享受さえ可能となっている。つまり、現実社会では不可能な、あるいは許されない行為や出来事が言葉で展開されることで、それだけ一層楽しまれるのがフィクションなの

> である。
> 　それゆえ、フェイクとは倫理的な意味も異なる。フィクションは作った人が非難されない、現実社会とは独立した制作である。だがそれは、フィクションが現実ではないという認識が保たれる限りであり、だれも真に受けないから、真実と切断されているからである。
> (「「フェイク」とは何か、「フェイク」をどう論じるか？」)[4]

　フィクションには人を騙す意図が含まれていないと言われているが、言葉を補えば、フィクション世界の内では迫真性などで騙すことがあったとしても、現実世界における事実である、真実であると騙す意図が含まれていないということである。逆に言えば、細部を丁寧に作り上げた小説を、フェイクニュースとして流布させて人を騙すこともできるかもしれず、そこにまさにそれがフィクションなのか（フェイク）ニュースなのかを決める「語用論的アプローチ」の問題、当該の表象が置かれた社会的文脈等の問題が現れるのである。
　他にアダプテーション、特に他の表象メディアに展開するメディアミックスの場合、メディアを横断することで作品のあり方が違ってくることが当然あるが、各メディアの社会性・歴史性等との関連の中でそういった点を考えるのも「語用論的アプローチ」の一つと言えるだろう。

---

[4] 納富信留（編）『フェイク・スペクトラム―文学における＜嘘＞の諸相』勉誠出版、2022、14、15頁

「テクストと虚構」実践編

他形式への置き換えを通じて「テクストと虚構性」を考える
──中学校２年　太宰治「走れメロス」──

渡邉　裕

1　はじめに〜「虚構」をどのようにとらえるか

文学教材を通して見える特徴について虚構性を軸に見ていくとき、そこにはいくつかの種類が考えられる。一つは物語という設定された世界で展開されることに起因する事柄、もう一つは言葉だけで作り上げられているということに関わる事柄、さらに「語る」という行為の持つ特性が影響する事柄などである。

把握した物語情報を他形式に置き換えること、特にヴィジュアル化していくことを取り入れていくと、獲得した情報を言語化し表現する／移し替える思考過程を経る。それは先に挙げた特徴と照らしても、また情報の扱い方や収集との関わりからも有効性を持つと考える。本単元を通じて広く「他作品との比較」のための視点を獲得し、汎用的な力の醸成を目指していきたい。

2　実践にあたって

(1) 理論と実践の接続

今回は「走れメロス」を教材に検討する。〈テクストの強度〉を土台に、「（対象の）文学作品の持つ特徴」を考える。また、コンテンツの持つ力とそれを活用するためのコンピテンシーいずれの重要性も問うことから、文学教材の受容を考えることで「文学」を読むことを通じての学びについてその汎用性に応じる視点が得られるのではないだろうか。

「走れメロス」は複数の形式のテクストが出版されている。それらの「メロス」と読み手はいかに対峙するのか。単元の大枠としては、「教科書」—「絵本」—「二次創作／パロディ」をつないでいく。その過程で、「『物語』としての軸」見いだすことに取り組む。表や絵など別の形の置き換えてみることで見えてくる特徴は、描写に関するものを読み解いていくことに重なっていく。よって、今回の単元は物語の大枠をとらえたうえで、作品固有の表現の特徴をみていくことを促していくものといえる。さらに汎用性ということを考えると、物語や小説を「読む」ときにどのような事柄を把握しているかを問う場面を設けそれらを顕在化することは重要である。その際、「文体」「語り」「プロット」など文学理論に関わる要素の活用は不可欠である。

(2) 学習歴との関わり～「『語り』の虚構性」と「少年の日の思い出」からの展開

現在「走れメロス」は、四社全ての中学校国語教科書に掲載されている。また「少年の日の思い出」についても同様である。「少年の日の思い出」については、「回想」と「語り」に着目した授業実践が考えられる。特に「一人称の語り」のもつ虚構性について焦点化していくことが可能であり、その際、文字情報から把握した事柄を視覚情報と組み合わせることも有効であった[1]。それはまた、「見えているもの」と「見えていないもの」を明らかにしていくことでもあり、「情報の質」を考えることにもつながる。さらに別の形にまとめなおすことで、個々の読みをもとにした要点を抽出することにつながり、作品と対峙していくときや共有/交流していく際の補助線としても機能する。

これを踏まえると、「語り」への着目を切り口に「虚構」という捉え方とことばで編まれた点を結びつけ、思考の深まりを促すことが可能になる。またこのようなつながりを見いだせることからも、「語り手（語り）」—「テクストと虚構」という項目の連環を図ることができるだろう。また、「サ

1　大澤千恵子　渡邉裕「語りに着目した「読むこと」の授業実践」（『全国大学国語教育学会国語科教育研究：大会研究発表要旨集』141 号、p.339-342）

ブテクスト」の存在にも着目したい。獲得した事柄を他に置き換えてみることで、例えば共通する事柄とそうでないものが見えてくる。ここから、理論として「文学」に照射できるものと作品固有性に紐付くものなど、物語情報の精緻化も可能になる。「他作品との比較」への発展も「テクストと虚構」においては重要なものであるといえる。

(3) 類推への着目

これらのことを土台に、対象を「走れメロス」として受容するために必要な要素を考えていく。また、二次創作やパロディを消費できるために必要な事柄はなんなのか、なぜそのような受容の仕方ができるのか、〈第二の作者〉はそこに文学作品のなにを転移させたのか、またどのような特徴を踏襲しているのか。このようなことを考えていきながら、「解釈」のありように目を向け、それによって生まれる効果やなぜそれを残したのか比較分析し、思考の深まりを図りたい。

本単元では「サブテクスト」は他の形態で綴られた「走れメロス」になる。先に触れた「少年の日の思い出」からの展開では、「サブテクスト」や「類型の物語」について、「物語としての類似性」という枠組みに着目したものととらえることも多かった。しかし、物語の類型について既出・既定されたものを学習材にした取り組みを行うことで、「類型の物語」について、物語コードの持つ効果・機能に着目した比較につながる。これらは、細谷（2016）が示すアナロジー（類推）の働きによるものと重なる[2]。「一般化」と「単純化」として示されるように、既有知識を取り入れ比較を通じて他作品を取り込んでいくとき、どのようなレベルで対象を見ているのか[3]を把握することは重要であり、より汎用的な視点を見いだすことができるのではないか。近年公開・放送される映画やドラマには、漫画を含め

---

[2] 細谷功『アナロジー思考 「構造」と「関係性」を見抜く』（東洋経済新報社、2016.8）p20での「類似性を見出す」ことについて、「どこまで同じに見えるか」（p121）ということが示される。

[3] 松本 修，桃原 千英子［編著］『中学校・高等学校国語科 その問いは、文学の授業をデザインする』（『明治図書出版、2020.6）においては、ミクロ／マクロといった形も提示される。同書においては、「空所」の役割などにも注目し、学習の展開が示される。

文学作品を原作として映像化されたものが目立つようになってきている。そもそも文字媒体の段階で映像化が前提となっている作品や、複数の媒体での展開を想定したような作品も多く見受けられるようになっている。児童・生徒が置かれる状況が、二次創作が入り口になる機会が増えたからこそ、「文学を学ぶこと」の射程に本実践の効果にあたるものが含まれるはずである。

これに加え、複数のメディアに横断的に活かされる作品としての「軸」（特性）を把握し、作品分析の視点を明らかにしていくことで、「それぞれのメディアの特性」も意識化していく。それらを通じ、物語を「読む」という行為を考えることにつなげたい。また、「強度」という視点を用いて「何らかの差異を示す」というような尺度を当てはめてみることで、固有の特徴に目を向け、表現上の特徴についても言及できるのではないかと考える。

このようなことをもとに教材開発を行った。以下その内容について示していく。

3　教材化にあたって

(1) 単元のねらい

物語／小説を「読む」ときにどのような事柄を把握してその対象を認識しているのか。例えば童話や昔話など読み聞かせや絵本など読書経験をもとに、それと比較しながら考えを述べていく様子も多く見られる。

では、例えば同一のタイトルを持つ「物語」を読んだときには同じ話として考えているのか、それとも別のものとしてとらえているのか。このような〈問い〉について、これまでの学習経験や読書経験を接続し、例えば「語り」や「文体」、「視点」などを分析の観点として具体化し活用を図る。そこから、ことばで編まれたものの授業と「虚構性」を結びつけることができるだろう。さらに、二次創作の受容についても考えていくきっかけとしたい。

「走れメロス」はいくつかの絵本も出版されている。類似性はもちろん、大きく異なる部分も存在する。自身の読みとは異なる表現もあるだろう。学習者はその違和とどのように対峙するのか。またはその作品世界をどのようにとらえていくのか。この取り組みはでは、対象に含まれる〈情報〉と個々の「読み」を結びつけ俯瞰的に捉えていくことが求められる。それは、例えば表現内容を言語に移しかえていくことや比較・類推を用いた学びの深まりとして見ることができるだろう。さらにこのような「思考」に着目することで、「文学」という枠組みにのみ閉じることのない事柄を見ていくことができる。

別の点から見ると、絵本の活用は情報の扱い方や収集との関わり[4]から今後の学習につながるものであるといえる。「走れメロス」という素材が複数表現形態を有するからこそ、分析の視点やコードを活用することの効果が考えられる。それらを結びつけることで〈「物語」の軸〉を見いだすことに取り組みたい。

(3) 実践計画

単元名：「ことばで編む～「文学作品」から考える（「走れメロス」を「走れメロス」たらしめるものは）」

【〈問い〉を考えていく上で取り組む事柄、明らかにしていく事柄】

文学作品（物語）をどう捉えるか。またそこに描き出されるものはなんなのか。

- 場面や背景を踏まえ、物語の展開を把握する
  →「描写」の意味・効果を考え、理解を深める力を養う
- “物語の多様性”を捉え、根拠とともに「意味づける」（「解釈」）
  →軸を定めて物語を〈読む〉ことで、「描写」の変化に着目する視点を持つ

【単元を展開していくうえでの留意点】

4　平成29年度版中学校学習指導要領において「情報の取り扱い」ということが示されたこととの関連。「情報」という視点で対象を見ていくことが重要である。

- 比較分析にあたり、絵本の読解（メディアリテラシーやマルチモーダル等）に関連する事柄について取り上げていくことができる。また、その必然性が生じる。特に「絵本を『読む』」（メディア特性を考慮する）ことについては、文字による情報伝達とともに「絵により表現される事柄」とともに、「絵により固定されてしまう事柄」（イメージとの祖語）を考えることを焦点化しながら、情報同士の結びつき、ページの切れ目（場面の転換）ということとの関わり等を考えることができる。
- 物語の構成要素を整理していくなかで、既習事項の確認とともにそれらを表現活動に反映していく。ミニマル・ストーリーだけでなく、あらすじを書いてみる活動からも視点の具体化を図る。
- 共通の視点を有した他者の情報を整理していくなかで、内容面での幅を持たせた表現の「型」を共有することによって論理構築を促すとともに、他の意見をもとに自分の意見を振り返るきっかけとする。

【単元計画】（全９時間）

次	時	ねらいと学習内容	備考
一次（物語情報の整理）	１時	【ねらい】物語の全体像の把握と視点の確認、特徴の整理 【内　容】 「走れメロス」を読み、「この物語を一言であらわすとどのような物語か」（ミニマル・ストーリー）ということに取り組み、それをもとに自分が物語を捉えた視点の具体化と把握した特徴を整理する。 〈ワークシートに記録する内容〉 ★１　全体把握 この物語を一言であらわすと。（どのような物語か）。 ★２　★１のように考えたのはなぜか。 ★３　「物語の全体を簡単に説明すること」を目的に、「あらすじ」を書いてみると。 ★４　「文学作品」（物語）を捉えるとき、どのようなこと（要素）に着目するか。 ★５　「走れメロス」の特徴を挙げると。（項目と説明） ★６　感想を記入（疑問点なども含む）	初発段階での作品の捉え方を整理すると共に、物語内容をどのように把握しているのか、また自身がどのような枠組みからとらえているのかを。二種類の方法で言語化する取り組みを行う。合わせて、現段階での作品の捉え方についても書き出すことで整理してみる。

	2・3時	【ねらい】物語情報の整理と展開の把握（「物語の5大要素」[5]を参考に、表現（「描写」）の項目を追加） 【内　容】「走れメロス」について、 ▶ワールドモデル（舞台・設定） ▶ストーリー（話の流れ） ▶シーン（場面） ▶キャラクター（登場人物） ▶ナレーター（語り手（語り）） ▶特徴的な表現等 ということに着目し、「描写に着目し物語の全体像を整理する」ことに取り組む（表の形で整理）。 またシーンとキャラクターの結びつきから、物語上の役割ということを考えることで、ワールドモデル、ストーリー関連付けていく。	この段階で「語り」や特徴的な「描写」への言及が考えられる。その際イメージで語るだけでなく、根拠との関連から本文での確認や解釈について共有する。 また「少年の日の思い出」での取り組みから、「語りの虚構性」や語られ方についても着目を促す。さらに物語の枠組みとして〈ウチ〉―〈ソト〉の視点とその移動という点を意識化する。
	4・5時	【ねらい】場面をもとに物語の構成要素や視点を捉える。場面に着目し、描写の特徴や物語の枠組みを考えていく 【内　容】 ●〈ウチ〉―〈ソト〉ということをもとに、物語構造の段階を捉え、各場面の描写とそこで描かれる事柄を確認する。例えば「主人公」という言葉をあらためて考えてみることや場面の切り替わりをどこから捉えたのかということから、物語の枠組みを顕在化するとともに、「場所と人物の関わり方」について考える（シラクスと村との往還）。 ●対比や描写について、物語の展開と語りの変化などとのかかわりに着目して確認する。そのうえで、「走れメロス」を「走れメロス」たらしめているのはなんなのか、それを明らかにするためにはどのような「問い」を設定することができるのか、考えてみる。 ※物語構造を整理した表や「描写」をもとに次の点から各自の考えを言語化し、共有する。	〈ウチ〉―〈ソト〉を土台に、「描写」についてはその捉え方に、なにを描写するのか／どのように描写しているのかというように複数の視点を有することから、どのような点に着目して互いに考えを述べているのか明らかにするようにする。 また、「描写」の特徴を明らかにしていくため、対比を思考の軸としていく。 対比や描写について物語の展開と語りの変化等のかかわりに着目し確認する。

5　安藤昭子『才能をひらく編集工学　世界の見方を変える10の思考法』（2020.8、ディスカヴァー・トゥエンティワン）p182-184

		★１　「走れメロス」について、「物語内容」と「物語構造」から考えてみると ★２　「『走れメロス』とはどのようなものか」を考えていくとき、どのようなことが明らかになることが（把握することが）いいか。「問い」を設定してみると。 ★３　物語構造を整理してみて、「走れメロス」の最も重要な部分はどこだと考えるか。 ★４　★３について、「描写」との関係に着目してみると指摘できる事柄は	そのうえで、「走れメロス」を「走れメロス」たらしめているのはなんなのか、それを明らかにするためにはどのような「問い」を設定することができるのか考える。
二次〈何を「読み」どう「意味づける」か〉	6・7時	【ねらい】物語の多様性をとらえ根拠をもとに意味づける 【内　容】 ●各自〈問い〉を共有したうえで、各グループで担当資料の分担を行う。その上で、〈問い〉や「『走れメロス』たらしめるもの」を考えていくとき、他の資料についても確認したい事柄をグループでの報告事項として設定する。そこから、各自の担当する資料の分析を行う。 ●それをもとにグループ内で報告を行い、全員の資料の報告を受けて、「作品の強度」ということに着目し、資料を並び替えながらグループでの意見をまとめる（論理構築）。 ※資料の分析にあたり次の点から各自の考えを明示する。 ★１　選択した資料の「描写」について（何を「描写」しているか／どのように「描写」しているか）※〈原作〉との比較・分析 ★２　次の点に着目すると（「物語の５大要素」） ●ナレーター（語り） ●キャラクター（登場人物） ●シーン（場面） ●ストーリー（話の流れ） ●ワールドモデル（舞台等） ★３　★１・２を踏まえ、担当した「資料」の特徴について指摘する ●全体的な特徴 ●対象資料で描かれる「走れメロス」について	「『走れメロス』たらしめるもの」ということを共通の論点として軸を定めて物語を読むことで、対象の特徴を明確にし、それをもとに情報を整理していく。そこから自分の考えを根拠とともに提示しながら、相手の意見と比較することを通して、グループの意見をまとめていく。 今回の取り組みでは、担当資料分析からグループ内報告が資料・データの準備段階となる。また、この取り組みでは表現媒体の差異と効果にも着目することが求められる。そのとき、メディア特性や物語の持つ〈空白〉への着目ということから、各自の分析に留意点として条件を加えることで、資料の個別性に関わる情報を提示するようにする。 ※作品の特徴を捉え比較・分析を行っていくにあたり、考慮されるものとして例えば次のような事柄が挙げられる。 ●「描写」 ●「物語の５大要素」（共有された土台）

		●留意点 ★4　選択した資料について次の視点から考えてみると ●メディア特性 ●〈空白〉とその役割 ●作品の〈強度〉	●作品の〈強度〉 ●〈空白〉の役割 ●メディア特性
	8時	【ねらい】各グループで報告を行い、「作品の強度」を捉える枠組みを検討する 【内　容】 グループごとの報告と記録を行い、「作品の強度」をとらえる枠組みを検討する。それをもとに〈強度〉という観点から別の形式に置き換え整理してみることで、"「作品の強度」とは"という〈問い〉について自身の考えを明らかにしていく。	ワークシートにある枠と三角形のグラデーションをもとに〈強度〉の捉え方を考え解説を加える。固定した形だけでなく、加筆し変形させることや濃淡の意味づけ、立体的な解釈も考えられる。
	9時	【ねらい】報告から〈情報〉を整理し、各自の〈問い〉とともに「『走れメロス』を『走れメロス』たらしめているもの」についての考えを整理する。 【内　容】共有された論題「『走れメロス』たらしめるもの」ということについて、各グループの代表者による発表とともに質疑を行う。それらを踏まえ、「たらしめるもの」という語の特性を踏まえながら、再度ミニマル・ストーリーの作成を含め最終レポートをまとめる。	●作品と捉える「枠組み」と視点から解釈「コード」を意識したうえで、具体的な類型の物語を考えてみることで、多様性だけでない、方向性をとらえていく。 (類推) ●相手に問うことを通じた自身の思考整理を図る。

※本単元で使用した資料は次の通りである。

1. 「走れメロス」教科書掲載文：出典『太宰治全集3』　※便宜上〈原作〉とする。
2. 『走れメロス』（戸田幸四郎 絵）戸田デザイン研究所
3. 『新装版 文芸まんがシリーズ　走れメロス・富嶽百景』ぎょうせい
4. 『声にだすことばえほん 走れメロス』(齋藤孝 編　竹内通雅 絵)　ほるぷ出版
5. 「人質」小栗孝則訳「新編シラー詩抄」（改造出版社・1937）
6. 『ウルトラ怪獣絵本【児童ぶんがく編】はしれギンガ【はしれメロスより】』（ごとう まさる 文　　ヒカリン 絵）あいうえお館）

※その他、森見登美彦「新釈 走れメロス」(『新釈 走れメロス 他四篇』角川文庫,2015) についても考えられるが、中学生という発達段階と描写の関係、またフィクションとしての飛躍の大きさ (二次創作を消費するための読み手側の情報の不足) などを加味して、今回は資料から削除している。

※全体計画については、例えばこの後に発展的な課題として実際に各自の読みをヴィジュアル化する取り組み (たとえば漫画化するとしてコマ割を検討することや実際に短編CMを作成することなど) への展開も考えられる。これらの取組についてもGIGAスクール構想による端末整備が進んだことにより、それらの機器の活用を図ることで「テクストと虚構」に関する事柄への働きかけが検討できる。

〈評価に関わる事柄〉

- 目的に応じて複数の情報を整理しながら場面や描写の効果、物語の枠組みについて考え、解釈する。
- 想起されるイメージをもとに根拠との結びつきを明らかにすることを意識しながら論理的に考えること、またそれを表現することに結びついている。
- 「描写」への着目や表現の選択から言葉への意識を高め、「作品の虚構性」をとらえるなかで作品構造に着目することから話題を整理し、伝え合うことにつなげている。
- 概念化を促す語句の特性を踏まえ、根拠の明示や論の構成・展開に結びついている。
- 意見と根拠ということに注意し、情報の結びつきを考えている。

4　まとめと今後の可能性

「テクストの虚構性」をとらえていくためには、まず作品の基本的な構造を把握することが不可欠である。ことばで編まれた作品世界について仮に堅牢性があるとしたときに、それは一体何なのか、どのような事柄についてイメージを共有しているのか考えていくことができるだろうし、同時にその物語のもつ脆弱さや柔軟さを意識していくことに結びつく。さらにこれらの土台となる作品の枠組みを明らかにしていくには、テクストと向き合うなかで明らかになる特徴について、コードやコンテクストなどに目を向けることも必要になる。

この点が、「文学作品を用いた学び」について文学理論と実践を往還させ、思考の概念化が図られることによる学びの深まりを促すことにつながる部分といえるのではないか。別の見方をすれば、その枠組みは教材同士の連環を図り、学びを深める視点として機能しうるものであると考える。そのためには、それぞれの教材・教材文のもつコンテンツ特性を意識し、それを具体化する教材分析・教材化を行っていくことが重要になる。

本項において示した単元は、「走れメロス」が多様な表現形態を有していることをもとに、その差異から物語の軸に着目することに特徴がある。その過程において、「少年の日の思い出」から得た「語り」についてのとらえに着目し、応用しながら思考を深めていく様子が見られる。つまり「テクストと虚構」単独ではなく、「語り手（語り）」―「テクストと虚構」という事柄の連環から視点の活用がなされている。これをもとに虚構性とことばのつながりをあらためて考えていけるのではないか。

「文学作品」という表現形態に向き合うなかで対峙する多様性、それらとどのように向き合い解釈・受容していくのか。今回のように作品の持つ不可欠な部分、可変的な部分等々に目を向けた経験をもとに学習の文脈を見ることで、「読みの活用」につながる視点に結びつけることが可能である。またそのような〈読書〉経験を通じた変容を活用していくときには、作品そのものだけでなくその周辺に置かれる事柄や状況による差異についても考えていくことが必要となる。だからこそ、「語り手（語り）」―「テクストと虚構」というものに、「歴史と社会」という要素が加わることに必然性を見ることができるのではないだろうか。

授業における具体としては、例えば「走れメロス」における“戻る”という行為の意味づけは、「故郷」でも活用を図ることのできるものである。このような同一の「枠組み」をもとにそれぞれの共通性・相違点から特徴を把握していくことは文学作品を読むことを重ねることでの深まりが期待できる。さらにこの枠組みの具体化を支援するものとして、サブテクストや類型の物語ということが有効である。今後も理論と実践を往還する中で活用を図ることができる要素を具現化し、その効果をさらに明らかにしていきたい。

「テクストと虚構」実践編

小説と演劇の比較を通した「テクストの虚構性」に着目する教材開発

――高校2年　太宰治「水仙」、中島敦「名人伝」――

扇田　浩水

1　国語教育における文学理論としての「虚構」の扱いについて

現行の中学校の教科書において文学作品の読み方はどのように設定されているだろうか。とりわけ文学の虚構性に関しては、学習指導要領にもその文言はない。しかし「読むこと」だけではなく、創作としての「書くこと」においてもその学習の重要性は認識されている。「虚構とは何か、さらには学校教育で虚構的なものを読むことの意義は何かを問い直すことで学習も深まると考えられます。」[1]とあるように、論理的文章とは異なる表現形態である小説の虚構の世界を味わうためには、学校教育においてどのようなプロセスが必要であるかを検討していきたい。

まずはじめに『伝え合う言葉　中学国語1』[2]を参考に、文学の虚構性がどの程度教科書に触れられているか確認してみよう。(以下傍線引用者)

①文学入門　―言葉はウソをついて世界を創り出す

「現実にない世界を創造するところに文学の言葉の特性があります。その意味からいうと、詩歌や文学作品に描かれた世界は、全て嘘の世界であるともいえます。このようにして新しく創り出された世界は、

1　大澤千恵子「虚構」(千田洋幸・木下ひさし監修『小学校・中学校・高等学校を見通した12年間の「文学」の学び』東洋館出版社、2023)。

2　『伝え合う言葉　中学国語1』(教育出版株式会社、2021)。

虚構とも呼ばれています。」
（中略）
「文学を読むときに、実際にどのような事実があったかということは、あまり重要なことではありません。大切なことは、文学の言葉による嘘が、どのように魅力的で感動的な真実を創りだしているかなのです。」

②「桜蝶」 学びナビ「物語と小説って何？　―文学作品の特徴―」
「「かぐや姫」も、「桃太郎」も、小学校で読んだ「ごんぎつね」の「ごん」も、虚構であり、現実には存在しません。しかし、決して根も葉もない絵空事ではなく、虚構を通して人間や社会の真実を描くのが芸術であり、文学なのです。」

③「オツベルと象」学びナビ 「語っているのは誰？」 ―作者と語り手―
「文学を読むうえでは、作者とは別に、お話を語っている語り手を想定して読むことが必要となります。作者と語り手を区別することが、文学作品を読むうえで重要なのです。」

このような文学の読み方、スキルのようなものをどの程度国語教育の中で扱うのかは教師の自覚と関係しているといってよいかもしれない。現場ではこの「入門」のページを全くとばしてしまうという選択肢も可能である。なんとなく知っている、程度の認識でも虚構を全く理解できないわけではないからであろう。疋田雅昭は「文学のようなコミュニケーションを「虚構行為」と呼ぶことがある。虚構行為とは単に嘘をついて騙すという意味ではなく、聞き手と話し手の間に「嘘」の了解があってなされているコミュニケーションのことを言う。実際、ノンフィクションであったとしても、その全てが事実であるわけではなく、そこにはある程度の演出がなされていることを、我々は普通知っている。」[3]とし、「我々は、虚構であっても、現実であっても、同じ仕組みに基づいて理解しているのだ。」と述

[3] 疋田雅昭『文学理論入門―論理と国語と文学と―』（ひつじ書房、2021）。

べている。現実と虚構を区別してしまうのではなく、現実も、虚構のそれと同じようにある程度物語化して我々が理解しているというのである。一つの出来事をめぐっても複数の真実が発生してしまうように、原因と結果の捉え方は、時に身勝手さや謙虚さなどとあらゆる方法でつなげられてしまい、単なる事実のみを共通理解するということは恐らく不可能である。まさに言葉による見方・考え方の偏りに気づくことなく誤解や軋轢が生まれるゆえんである。文学を読むということは、その偏りを読み解き、批判的に捉えるという入念な作業が求められる。誰の、どんな語りにその偏りは身を潜め、誰を騙そうとしているのか。「語り」という嘘に騙されつつもその世界に入り込んでいくという経験をすることで、「小説」のもつ「本当らしさ」と「虚構」であるという矛盾を体験することになるだろう。「私」と「作者」の混同はこの作用の一つとして起こるべくして起き、それを引き離すという矛盾こそ、「虚構」とは何かを考えるきっかけになるのである。尤もらしく語ったその後で、これはフィクションです、という裏切りの告白に読者は一度は混乱しながらも、しかし語るということは本来そういうものでなかったかという事態に直面せざるを得ない。事実をありのままに語るということの不可能性に自ら気が付く瞬間こそが重要ではないだろうか。現実にしろ、文学（虚構）にしろ、語った瞬間にその事実は誰かの視点によってあるバイアスがかかり、こうであってほしいという願望にひきよせられたそれでしかないのである。この自覚のためには、中学生くらいから芽生え始める生身の作家の背景への興味はむしろ有効で、それと小説が一体化して見えてしまうという事実と、それは別のものであるという発見が、「虚構」をより魅力的に読解していく要素の一つとも言えるのである。

2　テクストとそれを解釈する読者

学習者としての生徒にとっての「虚構」の意味は、その年代によって、また各自の経験による捉えの深さによっても変わってくる。とすればテクストと読者の関係に目を向けざるを得ない。

菅原克也は「テクストと向き合う読者」[4]について、「小説の語りを考える上で、読者という存在は重要な鍵となる。それは小説のテクストが、いかにしてテクストとして成立するかという問題に深く関わる。」と述べている。また、解釈のあり方についてはこう続ける。

> テクストの解釈は、様々なかたちで流通する。印刷物やウェブ上にあらわれる批評として。研究者が発表する論文として。教室で教師が行う指導（誘導）として。あるいはテクストそのものに付された解説として。ある社会に流通する解釈は、社会で広く受け容れられる規範や価値を反映する。あるいは、規範や価値の顛覆を企図してみせることで、顛覆しようとする規範や価値の存在を浮上させる。いずれにせよ、あるテクストの解釈は、解釈が成立する時代や社会の刻印をおびる。

「解釈の多様性」が強調される今の風潮において、すでにその解釈自体が時代的、社会的に範囲が限定された「せいぜい数種の解釈」の共有に過ぎないというこの指摘は、実践の場においても重要な意味を持つと考える。極端な誘導は避けるべきである一方で、極端な多様性の追及はテクストの理解をないがしろにしかねない。分析の方法や問いの立て方など、丁寧な手立てがあった上での解釈のゆれを見つけ出す教師のコーディネートが重要なのである。

菅原はまず「歴史的、社会的な存在としての読者」を一つとして、同じような背景をもちテクストを共有しうる読者を想定している。本研究における「歴史・社会」グループの研究とも重なるところがあるだろう。そしてもうひとつは、「テクストの了解を支える」読者である。その要件として「この読者には、語り手の語りから何かを取り出す能力、テクストのうちに何らかの意味を捉える能力が仮託されていなくてはならない。」としている。こちらは本研究の「語り手」グループの対象に関わってくる。一つ目の読者が生身の読者だとすれば、他方は理念上の読者ということにな

4　菅原克也『小説のしくみ　近代文学の「語り」と物語分析』（東京大学出版会、2017）。

り、読む環境や年齢でも変わりうる、一人の人間に複数内包される読者と言ってよい。「テクストと虚構」は、「歴史と社会」という背景を踏まえることと、「語り手」の行為に向き合う役割を担う読者の生成と深く関わっていることを確認しておきたい。

3 「虚構」であることの理解

どうみても作者が語り手と別人物であると認めざるを得ない場合、両者は混同されにくいと考えられる。例えば語り手が猫であるとか、男性作家の語り手が女性である場合などである。しかし問題となるのは、いかにも作者のような語り手が語る場合が一つ。私小説はとりわけその性質が強い。本当を装いながら嘘をつくという仕掛けがむしろ魅力でもある。もう一つは、作者は明らかに語り手とは違う人物でありながらも、作者の代弁者のように読み手が考えているという点ではないだろうか。これは作者の考えを問う国語教育の誘導が染みついた結果によるものなのか、それともそもそも作者を切り離して作品を独立したものとして読むこと自体が生徒の発達段階において極めて難解であるからなのか。作者と語り手を区別するということは、すなわち「私」という視点人物ですら作者ではない、という文学における「虚構」を読むことに他ならないだろう。語り手の背後に作者の姿を感じながらも、語り手それ自体を独立したものとして捉えられるかどうか、それは中学生、高校生、大学生のどの段階においても非常に難解で捉えがたい、または認めにくい違和感となって彼らの中に残るのだ。作品に語られたものと、語った張本人の作者とを切り離して考えるということの意味や必要性の理解に苦しむ学習者を置いてきぼりにしてしまう可能性もある。

例えば、夏目漱石の「坊ちゃん」を読んだ後、中学１年生の多くが「実話だ」と思って読んでいたと答えた。なぜか尋ねると、教科書に「松山での体験が生かされている」と作品紹介に書いてあるからという返答が返ってきた。これは何ら珍しいことではなく、太宰を読んでも芥川を読んでも同じことで、彼らにとって文学は体験したことや「本当」のことであるから書いたのだ、というイメージがあるのだろう。「小説」の批評文を書こうという課題を出しても「随筆」を選ぶ生徒がいるように、「虚構」の体験談なのか筆者の経験そのものなのか、文体からは認識できないということも中学生では珍しくない。面白く読んだ小説が「嘘」であると言われたとき、何だかがっかりする、という残念さも分からないではない。それほど語りにリアリティがあったということに他ならないが、「虚構」であることに対する違和感もまた無視することはできないだろう。

安藤宏[5]はこの「期待と先入観」について次のように述べている。

> テレビドラマの俳優を見ているとき、われわれが鑑賞しているのは物語の中の主人公なのだろうか、それとも演技をしている俳優個人のキャラクターなのだろうか。おそらく答えは常にその中間にあるのであって、われわれは両者を無意識のうちに重ね合わせながらドラマを楽しんでいる。
>
> この事実は小説の享受についてもあてはめることができるだろう。たとえば『羅生門』（「帝国文学」大４・11）を読むとき、われわれは平安の物語空間に入り込んでいると同時に、心のどこかでそれが芥川龍之介によって書かれた小説であることを意識しながら読んでいる。書店や図書館で本を手にしたときからすでに「あの芥川」の書いた小説なのだという期待と先入観があるわけで、これを一概に不純な動機として切り捨てることはできないだろう。
>
> かつて構造主義的なテクスト論が多く試みられたとき、「作者」に関する情報を切り離し、言葉によって構築された表現を自律的に解読するのがより純粋な享受であると考えられたこともあった。たしかにそれは、「作者」をすべての起源として権威化してしまう読解に対する、痛烈な解毒剤の役割をはたしたといえるだろう。しかし（中略）そもそもあらゆる文学作品は、それを「誰か」と共に享受している、

5　安藤宏「第九章　小説家」（安藤宏、高田祐彦、渡部泰明『読解講義　日本文学の表現機構』岩波書店、2014）。

という共同性の自覚抜きには成り立たない。活字を通して発信される近代小説は、基本的には「密室の芸術」であり、個別に黙読している数万の読者の間にどのような共同性を構想していくかという問題は、このジャンルを維持していく上できわめて重要な課題なのであった。こうした中で、「あの芥川」「あの漱石」が書いた小説である、という〝神話づくり〟は、近代商業資本下の読書形態として、ある意味では必然的な選択であったのだともいえよう。

（中略）

「作者」を起源として権威化するのではなく、またこれを表現の享受に不純な要素として切り捨ててしまうのでもなく、それが小説を「小説」たらしめる概念としてどのように機能し、テクストのウチとソトをつなぐコミュニティを立ち上げてきたのか、という経緯を明らかにしていく発想が重要なのではないだろうか。

このような新たな発想は国語教育においてどのように実践されるべきか。先に挙げた「教育出版」の『伝え合う言葉　中学国語1』の「文学入門」というトピックですでに「文学の虚構性」について説明されているが、他の教科書にそのような問題を取り出して説明しているものはない。大抵は「語り手」は作者ではありません、といった説明のみにとどまっている。そもそも指導要領において中学校では「語り手」の文言も見当たらない。（詳しくは語り手グループの実践を参照。）

逆に、高校の教科書では、語りを通して作者の考え方を問うような発問もあり、指導書には未だ「主題」が掲載されている。教える、という要素がテクストに入り込んだとき、あえて読みを狭めるような問いが登場することは、発問と解答の関係上ある程度仕方がないと予想がつく。「虚構」であるはずの文学の多様な解釈に抵抗を持つのは、学習者以前に教師側の感覚でもあるのだろう。「解釈の多様性」や「見方、感じ方、考え方を深める学習」が謳われる中、それを体現するための授業展開を恐れる教員免許取得希望の学生が多いことも確かだ。国語科教育法の授業で「答えは全部決まっていると思っていた」という感想を述べた学生もいた。受験で培った読解のスキルはこの場合どのように生かされるのか、学生の混乱は想像に難くない。

では「テクストと虚構」におけるこのような知見は、どのように実践に応用可能か、ここまでの考察を踏まえてその可能性について考えてみたいと思う。

4 「作者」の存在を意識するテクストとその「虚構性」―太宰治「水仙」・中島敦「名人伝」

この章では、これまでの検討を通して、虚構であるはずの小説内に「作者」が登場してしまうという「おかしさ」に着目する授業展開を考えてみたいと思う。複数の授業実践で得た成果を踏まえながら、新しい教材開発として提案したい。

高校の学習指導要領の「文学国語」では、複数の作品を比較する言語活動が想定されている。

【文学国語　B読むこと　○考えの形成、共有②】
キ　設定した題材に関連する複数の作品などを基に、自分のものの見方、感じ方、考え方を深めること。

「設定した題材に関連する複数の作品などを基に、自分のものの見方、感じ方、考え方を深めること示している。なお、設定した題材に関連する複数の作品などには、作品以外の資料、記録、映像、音声が含まれる。」

作品を横断することで、一つの作品内の読解にとどまらず、それに伴う時代的背景といった要因、あるいは文学における普遍的なテーマの理解など、様々な要素が学習の効果として想定できる。一つの作品内ではどうしても説明のつかなかった厄介な問題を、共有、検証してくれる存在が他作品なのである。指導要領の解説で想定されている言語活動は「演劇や映画の作品と基になった作品とを比較して、批評文や紹介文などをまとめる活動。」など他のジャンルと比較することを想定したものもある。有名な近代文学の原作と映画との比較や、古典を原典とする近代文学の比較がこれまでも実践されてきている。

ここでは、上記のような同じ作者、または同じ作品のアダプテーションとしてではなく、別の作者、作品でありながらも似通った問題を抱える作品の比較を検討し、そのテクストの魅力の発見（批評）、またそれが言葉による「虚構」であるといかに認識できるか（分析）といった観点で授業を提案したいと思う。そうすることで、相違点を挙げるだけの授業や、焦点が散漫な比較で満足してしまうような活動を防ぐ要素を明らかにしていきたい。虚構の中のリアリティに目を向けることで、現実の世界を相対化する目も養われるだけではなく、虚構そのものの脆さに気がつくことでリアリティと「嘘」の均衡が崩れる瞬間を目にすることができるのである。それがまた近代文学の魅力の発見にもつながっていくと考えている。

まず、あえて文学の虚構性を自ら露呈させてしまうようなテクストについて考える授業を構想していきたいと思う。

太宰治「水仙」（『改造』1942・5）の「なぜそれを僕が引き裂いたのか。それは読者の推量にまかせる。」という箇所と、中島敦「名人伝」（『文庫』1942・12）の「寓話作者としてはここで老名人に掉尾の大活躍をさせて、名人の真に名人たるゆえんを明らかにしたいのは山々ながら、一方、また、何としても古書に記された事実を曲げる訳には行かぬ。」という箇所の比較を行う授業である。小説では本来、生身の作者の創作過程の露出などあり得ない。しかしここには、作者（この小説の）と名乗る人物の突然の登場がある。これは語り手とは一線を画す、かなり作者に近いそれである。しかしこれもまた虚構であるがゆえ、ここには複数の虚構が入り混じっていることになる。このようなメタレベルの一文は、読者の想像力を混乱させると共に、虚構には重層的な奥行きがあり、単なる額縁構造のような平面では説明がつかない構造があることを意識させることになる。「僕」が私たちを「読者」と読んだ時点で、これが小説、すなわち虚構であることの告白を同時にしたことに他ならない。さらにその小説がこの「水仙」であるという枠によって、これまでの一人称語りが小説のそれであったというネタあかしのような拘束がおき、事実のように尤もらしく語っておきながら小説であるという虚構性を自ら暴いてしまう事態となっている。それによってそのあと語られる「僕」の不安は小説内のことなのか、それを書いている「僕」のものなのか、はたまた太宰の不安であるかのような錯覚を覚えさせ、まさにテクストが紡ぐ複数の虚構に迷い込むような感覚に陥るのである。

これと似たようなことが「名人伝」でも起きている。三人称の語り手は、紀昌の視点に寄り添いながら、秘密の修行を行わせ、あたかも名人になったかのように見せかけるのだが、肝心のところで突き放す。「寓話作者」である自分には、その証拠を見せる権利があると知りつつも、それは語ることのできない、どこにも書かれていない事柄故に「妙な話」しか付け加えることができない、というのだ。とんでもないモヤモヤを、この語り手はわざと残すというのだが、この語り手も「寓話作者」という人物であり、中島敦ではない。この辺りが中学生にとっても高校生にとっても、なんとも説明のつかないメタレベルの問題として残ってしまう。

このような文学特有の虚構の暴露とでもいう一文は、他作品と比較することで、それがいわゆる「手法」であり、他でも使われる文学的な要素の一つであることは少なくとも確認できるのである。
安藤宏の先に挙げた論の中では、こういった「作中に「小説家」が登場することの意味」は次のように説明されている。

(1) 三人称（客観性）と一人称（当事者性）の視点を折衷し、事件の当事者にして観察者、という特殊な形態を実現することができる。
(2) 作者として小説自体の成り立ちをメタレベルに表現し、読者に小説ができ上がるまでの「もう一つの物語」を提供することが可能となる。
(3) 固有名詞としての「作者」に重ね合わされることによって、作品外にあらたな小説家像を生み出し、これが伝説化されることによって、強力なコンテクストが形成されていくことになる。

思うに、世界中の「近代文学」の中で、おそらく日本の小説ほど、作中に「小説家」が繰り返し登場する例も稀なのではあるまいか。

そもそも書き手みずからが叙述に顔を出す形態は、先に記したように物語の「草子地」以来、日本の散文芸術において長い伝統をもっていた。小説に書き手を連想させるような記述が出てきた場合、ただちに実体としての作者と重ねてしまう慣習がかつてあり、また、それを忌避するために意図的にこうした回路を切断する試みもなされてきた。しかしこうした二者択一に足を取られ、作中の「小説家」が作品世界を俯瞰する視点と当事者の視点との折衷として重要な役割を担ってきたという事実、あるいは小説自体の成り立ちを表現しうる可能性、さらには、近代独自の説話の生成装置となってきた経緯がともすれば見過ごされてきてしまったのではないだろうか。主人公をただちに作者その人と同一視しない、というのは研究の最初の手続きではあるけれども、その次の段階として、作中の「小説家」が「小説」の伝承化にあたってどのように機能しているのか、というその仕組みを解明していく試みは、これまで決して充分であったとはいえないのである。

それでは、そのような「語り手と作者」（ここでいう作者は生身の作者の手前のこの小説の書き手のふりをした作者）の混同は、言葉だけで紡がれたテクスト以外に置き換えた際、どのようなアダプテーションが行われるのだろうか。ここで2015年に上演された野村萬斎の舞台『敦―山月記・名人伝―』[6]を比較対象にしてみたいと思う。

中島敦に扮した野村萬斎が、小説内の主人公に変身して物語を演じきり、最後にまた中島敦として舞台を終える。本来は登場しないはずの作者本人が小説内の言葉を述べることで、まさに小説の「私」は「中島敦」そのものとなり、同一人物であるという感覚を体現している。一見、語り手と

---

6 『敦―山月記・名人伝―』（https://setagaya-pt.jp/bf2022/performances/20150604-273.html。2024・2・9参照）。

作者を切り離すということと真逆のようでありながら、一人二役の役者の演技は、まさしくどちらも虚構であるということを何よりも証明してくれる装置となっている。言葉だけのテクストではその混同が逆に起きやすいのに対して、舞台では中島敦を演じる萬斎と紀昌を演じる萬斎とは全く別の人物であると認識できる。文字の「私」は顔が見えないが、舞台では明らかに作者と主人公は別の服を着た他人だからであろう。視覚的には別の人物である以上、「作者」と「語り手」は別の人物であると認めざるを得ない。野村萬斎は講演のプログラム（2015年6月13日　世田谷パブリックシアター発行）に掲載されたインタビューで次のように語っている。

> 舞台上の「敦」は、時には語り手であり、また時には登場人物になっていく。能のシテ・ワキ的要素を担っているのです。分身が『山月記』『名人伝』という物語上に同時に存在することで、語りの客観性が増して、物語が重層的になったと思っています。そのことで中島敦の内面が描きやすくなりました。複数の読み手で表現する手法〈群読〉という魅力的な演出方法も「敦たち」の存在で可能となりました。（中略）／私が分身になってみてつくづく思うのは、中島敦の風貌に救われたということ。あの特徴的な丸メガネを利用しました。私たち狂言師は「面」を使い慣れていますから、記号化された「中島敦」のスタイルを「面」のように上手に利用できるのです。変装すると人格を変えることができる。『敦』では丸メガネは「面」です。一番重要な演出道具なのです。

小説では影を潜めている作者が、丸メガネをしたキャラクター「敦」として堂々と登場し、そこで「寓話作者」として語れることと語れないことを明らかにしていくのである。作者と語り手と主人公を同時に演じているという点を小説と比較することで、「作者紹介」に載っている中島敦ではなく、キャラクターとしての中島敦、つまりその存在までもが虚構性を帯びたキャラクターに過ぎないというフィルターを通して認識することができるのではないだろうか。無理矢理に引き離すのではなく、アダプテーションを通して視覚的に認識していくことが可能となる。この差異を捉えることでテクストから受け取る情報が整理され、何を語り何を語らないかという語り手の立ち位置にまで言及できるようになるだろう。授業者自身の中学校における実践でも構成を意識することでこのような語りの特徴は多少見いだせたが、「寓話作者」の登場を読解のみで行うことで混乱を招くという場合があった。そのため、この演劇映像を使って授業を行うと、生徒の内容理解に変化が見られた。最大のポイントとなる「主人公は名人になりえたか？」という問いに対し、語り手の立ち位置に言及しながら自らの考えを述べる姿が見られた。この実践の手ごたえから、太宰治の「水仙」も同様に、作者の登場は意図的なものであり、その効果や意味を自分の言葉で解釈する糸口をつかめるよう、複数の作品を比較していくことを検討した。高校２年生で実践を行ったが、「僕の不安」が「語り手」の「僕」から「作者」としての「僕」の不安へ回収されていくことで、「僕も天才だったのではないか」という最大の山場への理解を深めて考察することができた。視覚的なテクスト「演劇」との比較や、他作品との比較により、テクストと語り手、作者の層を掴む手がかりが得られたと感じている。高校ではこのように、中学校において漠然と捉えていた作者と語り手やその虚構性について、より深く考察していくことが必要であり、それによってまた生徒の解釈や想像力が膨らんでいく手がかりにもなるはずである。このような他作品との比較や他ジャンルとのアダプテーションを通して比較することで、小説内に閉じて説明することが難しかった文学の特性も、共通項を発見することで一つの型として習得しやすくなるのではないだろうか。そしてそれは「テクスト」の魅力を再発見し、その分析に言葉を与え、自分の考えの形成に役立ってくれる観点、要素となり蓄積されていくだろう。

このような分析は、生徒たちの日常の読む・観る行為も豊かにすることができると考える。作中に作者が登場する、といったことはしばしば漫画にも見ることができることに気づくだろう。例えばあだち充原作の『タッチ』[7]には漫画を描いている作者が登場するが、アニメの『タッチ』には登

7　あだち充による漫画。（「週刊少年サンデー」1981～86 連載）。

場しない。原稿の締め切りに遅れるなどの内輪受けの話題のような個所はカットされている。アニメは虚構と現実を行ったり来たりせずに、真面目に虚構の世界に閉じて描かれている。漫画ではうける内輪ネタがシリアスなアニメではカットされることでどのような違いが生まれているだろうか。似たようなことで言えば、三谷幸喜脚本ドラマの『警部補・古畑任三郎』[8]では、古畑本人がスポットライトを浴びて事件の難解さを語るシーンが挿入され、これがすでに過去に起きた事件であるということと、それを客観視している別の次元の古畑がいるというドラマならではの視点で描かれている。視聴者に話しかけて来ること自体がおかしさでもあり面白さでもある。小説にすれば「回想の語り」になるのかもしれないが、ドラマではもっと複雑な多視点となる。アダプテーションを通して分析することで、小説では捉え難かった作者と物語内容の関係も、視覚・聴覚的な要素が助けとなって逆に説明がつく場合があるということなのだろう。ディズニーアニメーションの『くまのプーさん』[9]において、プーさんとナレーターが直接会話するシーンを子どもは違和感なく観ている。小説に登場する外の世界にいるはずの「作者」や「語り手」は、本来聞こえるはずのない声として小説内のリアリティを破壊してしまう。このような比較を経験し分析眼を蓄えることで、「テクストの虚構性」を考える力の育成を図ることができるのではないだろうか。

生徒は小説を読んで当然その作者に思いをはせ、作者は何を考えていたのかを想像する。そこに語り手という概念だけを与えれば、作者＝語り手となり、作者が語っていると感じるのは当然のことなのである。それをやみくもに作者と語り手を切り離しましょうといっても難しいのであり、ここにどのような手立てを見出すことで語り手という概念を理解することにつながるかを考えていきたい。むしろ作中に小説家が登場するという矛盾を用いることで生身の作者と作中（虚構）の作者は別物だという認識に至るのではないだろうか。ドラマの刑事が本当の刑事ではないように、作中

8　『警部補・古畑任三郎』フジテレビ系で放送されたテレビドラマシリーズ（1994年放送開始）。

9　『くまのプーさん　完全保存版』ディズニーアニメーションによる長編作品第1作（1977）。

の作者もまた本当の作者そのものではないはずで、あくまでも語られたもの、語り手であると同時に語られて生成された作者に他ならない。いわばウチとソトの間に存在する中間地点のような存在であり、説明がつかない世界を行ったり来たりする中途半端な存在が小説の中の小説家だということがいえるだろう。漫画のコマの中に書かれた漫画家（編集者に追い立てられてこのシーンを書いている）、または今週のドラマ視聴者からのお便り（最近トリックが雑ですね）などを紹介してしまう刑事役の役者、アニメのキャラクターにそろそろ物語終盤だと話しかけてしまうナレーター、など、世間にありふれた虚構の中にもしばしばそれは存在しているのである。このように、虚構の世界は単に現実と違うという二者択一ではなく、そこを行ったり来たりする存在、ひいてはそれを俯瞰的に見ている自分の発見へとつながっていくに違いない。

鈴木愛理[10]は「読む芸術と、聴く芸術、観る芸術が、ほんとうの意味で統合された教育はあっただろうか。」と述べているが、文学の中に閉じ込めてしまうと分かりづらかったテクストの特性が、むしろ別の要素を観点に据えることで見えてくることがあるはずだ。文学が本当らしさを装いながら嘘をつくという特性と、その嘘によってむしろ人間の真実を描き出そうとしているという特性の両方が認識できたとき、生徒の「虚構」への想像力はより深いものとなり、自らその魅力を語ることができるようになるだろう。

【参考文献】

岩田和男・武田美保子・武田悠一『アダプテーションとは何か　文学／映画批評の理論と実践』（世織書房、2017）

---

[10] 鈴木愛理『国語教育における文学の居場所―言葉の芸術として文学を捉える教育の可能性』（ひつじ書房、2016）。

「テクストと虚構」実践編へのコメント

山口　俊雄

理論編「何よりもまず、小説が虚構であることを再確認しておこう」の執筆者として、以下、二つの実践例にコメントしておきたい。

まず、太宰治「走れメロス」を取り上げた渡邉裕「他形式への置き換えを通じて「テクストと虚構性」を考える」についてである。

単元の大枠として「教科書」—「絵本」—「二次創作／パロディ」をつないでゆくとされている。そしてその過程で「「物語」としての軸」を見出すことに取り組みのポイントが置かれている。

二次創作まで視野に入れると、例えばBL化に見られるように改変の自由度が無際限に高まってしまう危険性もなくはないが、「「物語」としての軸」という目標・基準を設定することで、その点はクリアできそうだ。そして、その軸を見失わないように、アナロジー（類推）に着目させるという選択が取られる。物語の軸、動かしがたい型といったものをきちんと把握するためには、物語をある程度一般化し、単純化した水準で受け止めようとする工夫が欠かせない。ただただ細部をきちんと理解して読み進めるという「精読」の作業だけでは到達できない、それとは別の水準に属する理解のあり方であろう。

この「精読」の水準とは異なる水準における理解というのが重要である。類推というタイプの理解の仕方へと努力を発揮して一般化・単純化を実践することは、広く形式的側面への着目と括ることができそうだが、物語内容の理解とは異なる形式的側面への着目ということは、語り、文体、プロットといった形式に関わる他の側面への関心とも接続するもの、接続させるべきものであろう。

実際、「単元計画」の「2・3時」に示されているように「物語情報の整理と物語の展開の把握」をねらいとして、いわゆる物語の５大要素を踏まえながら、「ワールドモデル（舞台・設定）」「ストーリー（話の流れ）」「シーン（場面）」「キャラクター（登場人物）」「ナレーター（語り手）」「特徴的な表現」に着目させる作業が組み込まれている。

これにより、形式面（多くは〈統語論的アプローチ〉に関わる）に否応なく付き合うこととなり、小説という虚構がどのような要素によって成り立っているかについて、より意識的にならざるを得ないだろう。

「4・5時」の物語構造の段階を捉えさせるために、「〈ウチ〉―〈ソト〉」に着目させるというのも、この段階では物語の展開の整理のためだが、のちの「ミニマル・ストーリー」の作成と関連付けて「型」という意識を持って捉えようとすれば、〈オデュッセイア型物語〉〈ゆきてかえりし物語〉と容易に接続することも見て取れるだろう。現実そのものに根拠づけられない虚構が、こういう型（神話、ミュトス）によって支えられていることに気付かせる良い機会であろう。

また、「作品の〈強度〉」という指標を設定し、生徒に考えさせるのもたいへん面白い。メディア横断的なアダプテーションの場合、メディア特性との関係性を無視することができない。メインテクストである太宰の「走れメロス」の文中に、メロスの容姿に関する記述や描写は全くないのだが、具体的な「絵」で表象しないわけにはゆかない絵本や映像では、特に登場人物の顔・容姿を具体的に表象することは、強みにも弱みにもなる。とりわけ「絵」に関わることは、好き嫌いの領域でもあるが、メディア特性との関連で考えさせることは、メディアリテラシーの問題（〈語用論的アプローチ〉に含まれる）とも接続するもので、大いに意義がありそうだ。

定番教材「走れメロス」から入って、そのアダプテーション作品も併せて読むことで、虚構の技術的・形式的な点にいやおうなく触れる形を取った興味深い授業実践として、コメントを述べてみた。

次に、扇田浩水「小説と演劇の比較を通した「テクストの虚構性」に着目する教材開発」に対して、理論編執筆者としてコメントしたい。

まず「1、はじめに　国語教育における文学理論としての「虚構」の扱いについて」において、現行の中学校国語教科書で文学の虚構性についてどれぐらい触れられているかについて取り上げている。

> 文学を読むときに、実際にどのような事実があったかということは、あまり重要なことではありません。大切なことは、文学の言葉による嘘が、どのように魅力的で感動的な真実を創りだしているかなのです。

> 「かぐや姫」も、「桃太郎」も、小学校で読んだ「ごんぎつね」の「ごん」も、虚構であり、現実には存在しません。しかし、決して根も葉もない絵空事ではなく、虚構を通して人間や社会の真実を描くのが芸術であり、文学なのです。

といったような言葉を扇田は引いており、これは理論編で触れた〈意味論的アプローチ〉に関わる虚構の一面であるが、面白いのは、ここから扇田は、虚構と現実との区別を強調するのではなく、むしろ《我々は、虚構であっても、現実であっても、同じ仕組みに基づいて理解しているのだ》[1]という方向に関心を振り向けるのである。

我々が、物語世界を理解するのと同様、現実を物語化して理解しているのだとすれば、小説という虚構が、虚構でありながらリアリティを持ち、読者を魅惑して、虚構の世界の中に引き込んでゆくのも当然であろう[2]。

とすれば、現実サイドにいる作者と虚構サイドにいる語り手（とりわけ語り手が一人称の場合）の混同・同一化もある意味で起るべくして起るということになるが、そこを単純に切り離してしまわないことに扇田はむしろ可能性を見出す。

「2、「虚構」であることの理解」では、語り手を作者から切り離し、独立した存在と見なすことができない生徒の存在に触れている。ここは、なぜ

1　疋田雅昭『文学理論入門―論理と国語と文学と』ひつじ書房、2021、37 頁

2　虚構世界への引き込まれ、没入については、虚構を人のメンタリティが持つ模倣への欲望に基礎付けたジャン＝マリー・シェフェール『なぜフィクションか？―ごっこ遊びからバーチャルリアリティまで』（慶應義塾大学出版会、2019、久保昭博訳）などが参考になる。

切り離さなければならないか、その必要性の説明がきちんと行なわれていないことが問題なのだろうが、中学校国語の指導要領に「語り手」という用語がないという現状において、この点にじっくり触れることは難しいのかもしれない。

今さらめくが、生身の作者と語り手との区別と切り離せないこととして、作品かテクストか、という例のロラン・バルトが定式化した問題が横たわっている。

> ひとたび「作者」が遠ざけられると、テクストを《解読する》という意図は、まったく無用になる。あるテクストにある「作者」をあてがうことは、そのテクストに歯止めをかけることであり、ある記号内容を与えることであり、エクリチュールを閉ざすことである。このような考え方は、批評にとって実に好都合である。そこで、批評は、作品の背後に「作者」(または、それと三位一体のもの、つまり社会、歴史、心理、自由)を発見することを重要な任務としたがる。「作者」が見出されれば、《テクスト》は説明され、批評家は勝ったことになるのだ。したがって、「作者」の支配する時代が、歴史的に、「批評」の支配する時代でもあったことは少しも驚くにあたらないが、しかしまた批評が(たとえ新しい批評であっても)、今日、「作者」とともにゆさぶられていても少しも驚くにあたらない。実際、多元的なエクリチュールにあっては、すべては解きほぐすべきであって、解読するものは何もないのだ。その構造は、あらゆる折りかえし、あらゆる層を通じて連続し、(靴下の目がほつれるとき言うように)《伝線する》ことはあっても、突き当りはない。エクリチュールの空間は巡回すべきであって、突き抜けるべき空間ではないのだ。エクリチュールはたえず意味を提出するが、それは常にその意味を蒸発させるためである。エクリチュールは、意味の組織的免除をおこなう。まさにそのことによって、文学(というよりも、これからはエクリチュールと呼ぶほうがよいであろう)は、テクスト(およびテクストとしての世界)に、ある《秘密》、つまり、ある究極的意味を与えることを拒否し、反神

> 学的とでも呼べそうな、まさしく革命的な活動を惹きおこすのである。というのも、意味を固定することを拒否することは、要するに、「神」や「神」と三位一体のもの、理性、知識、法を拒否することだからである。[3]

定期試験等で定着度を一斉確認することが伴う教室での読みを収斂させるためには、ロラン・バルトが批判したような「作品」として「作者」に収斂させる作業を、簡単には手放せないことも現実であろうし、「作者の死」と引き換えに「読者の誕生」を言うバルトは、「読者とは、歴史も、伝記も、心理ももたない人間である。彼はただ、書かれたものを構成している痕跡のすべてを、同じ一つの場に集めておく、あの誰かにすぎない。」[4]（89 頁）と極めてラディカルな思考実験的なことを言っている。ここでは、読書体験の厳格なまでの一回性・反復不可能性が強調され、日常的合理主義を生きる普通の読者の姿は解体されており、「読者にも「死」を授ける文章」[5]となっているのである。教員側はこの極論が提出された歴史的文脈を理解しておくべきであろうが、少なくとも中学・高等学校の国語科教育の現場で躍起になって布教すべきものでもあるまい。

ただ、生身の作者（とその伝記的事実）から一定の距離を置いて作品世界を眺めるために、語り手という虚構を支える虚構内の役割ぐらいは中学生（あるいは小学校高学年）の段階で教えておくことにしたほうが良いのではないだろうか。紙芝居でも絵本でも、児童文学でも何でも良いが、子どもたちはさまざまな（言葉による）虚構に触れて育ってきたはずなのだから、語り手というあり方について理解が難しいということは考えにくい。この言葉を回避している限り、語彙の不足という残念な理由のために、虚構内における作者の実体化を押しとどめることが難しいという状況が続きそうである。

3　「作者の死」『物語の構造分析』みすず書房、1979、花輪光（訳）、87、88 頁

4　3 に同じ。

5　千田洋幸「読むことの偶発性・一回性・有限性」『読むという抗い―小説論の射程』渓水社、2020、244 頁

さて、「3、実践提案「虚構であるはずの小説内に、「作者」が登場してしまうというおかしさ」」で、いよいよ実践である。

高校の「文学国語」学習指導要領に示されている複数の作品を比較する言語活動として、「別の作者、作品でありながらも似通った問題を抱える作品の比較を検討し、そのテクストの魅力の発見（批評）、またそれが言葉による「虚構」であるといかに認識できるか（分析）といった観点」から授業実践の提案がなされ、「あえて文学の虚構性を自ら露呈させてしまうようなテクスト」として、太宰治「水仙」と中島敦「名人伝」（いずれも1942年発表）が具体的に取り上げられる。

前者は一人称小説（「僕」が語る）、後者は三人称小説という違いがあるが、いずれも語り手の介入、作中世界へのメタレベル言説の挿入があり、扇田はそこに着目し、虚構の重層性への気付き、読者に与えられるモヤモヤ感といったものを取り上げる。

そして、さらに、中島敦作品のアダプテーションである野村萬斎（構成・演出・出演）「敦―山月記・名人伝」を取り上げ、別メディアに置き換えられた中島敦作品を通して、作者と語り手（と主人公）の区別について考えさせる形を取っている。

メタフィクショナルな介入は、読者に違和感を与える一方で、マンガやTVドラマなどでも用いられることがあり、技法としての一般性にも触れている。こうした他メディア、他ジャンルでの実例に触れて、意外に一般的な技法としてあちこちで用いられていることを理解させるのも大切である。

切り離すべきとされている作者と語り手とが、なぜ児童生徒にとってしばしば切り離しがたいのかという観点からの授業実践であり、収斂しにくさ、違和感、モヤモヤ感といったすっきりしない手応えを手がかりに考えさせるという点で面白い実践（案）である。

第2章
語りと語り手

「語りと語り手」理論編

「語り」や「語り手」がもたらす枠物語の様相

大澤　千恵子

問題の所在

「語り」あるいは「語り手」は、全校種の現行の国語科学習指導要領解説において文言を確認できるが、学習内容には違いがある。語りは、小学校では、第1、2学年の「伝統的な言語文化」[1]における、昔話の学習と関連付けられている。「昔話は、「むかしむかし、あるところに」などの言葉で語り始められる空想的な物語であり、特定または不特定の人物について描かれる」[2]として、語り口や内容、神話・伝承との違い、古典への接続などが示される。学習活動は「読み聞かせを聞くこと」で、「話の面白さに加え、独特の語り口調や言い回しなどにも気付き、親しみを感じていくこと」とある。ここでの「語り」は、高等学校の「古典探究」[3]と系統的に結びつく。高等学校では、「語り」の特徴として「冒頭に「今は昔」、「むかし」など共通する語句」があることや、説話として「物事の由来や出来事、人物の逸話などを伝承や伝聞の形で物語る」機能と、そのため「「今は昔」や「語り伝えたるとや」など、伝聞であることを示す語句が用いられること」などの理解を深めることが求められている。耳で聞く「語り」の言葉としての特質や伝承であることを示す表現に目が向けられているといえる。

一方、「語り手」は、小・中学校の〔思考力・判断力・表現力等〕C　読

---

1 〔知識及び技能〕(3)　我が国の言語文化に関する事項

2 「ア　昔話や神話・伝承などの読み聞かせを聞くなどして、我が国の伝統的な言語文化に親しむこと」

3 「イ　古典の作品や文章の種類とその特徴について理解を深めること」「ウ　古典の文の成分の順序や照応、文章の構成や展開の仕方について理解を深めること」

むこと、高等学校では「言語文化」や「文学国語」における文学的文章を読む上で重視されているが、作品の理解や解釈を深めるための二つの観点がある。

一つは、語り手のものの見方や考え方との繋がりである。中学校では第一学年で「語り手の言葉、登場人物の言動、情景の描き方など様々な形で表れている」ことから、「文章に表れている書き手のものの見方や考え方をとらえ」[4]ることが求められている。内容的には、高等学校の「言語文化」「書き手や語り手などの優れた認識や感性などを内容の解釈を深めることにつなげる」[5]とも接続する。[6]

もう一つは、「文学国語」における「詩歌や物語や小説などを語る者（語り手）の視点」[7]へ着目した、「文体や表現の技法についての理解」[8]である。言語活動例では、人称の違いを意識した創作活動にも結び付けられている。

文学において、「語り」や「語り手」が重要な役割を果たす特徴的な物語構造が見られるのは、枠物語と呼ばれる形式である。枠物語の起源は古く、基本形式は登場人物が「語り手」となり、作品内部に新たな別の物語が組み込まれたものである。代表的な作品としては、原型が９世紀頃のアッバース朝のバグダッドで誕生したとされている[9]中東地域の説話集『アラビアンナイト』が挙げられるが、その後、様々なヴァリエーションが生まれた。近代以降誕生した、登場人物自身が物語内の現実世界から空想的な別世界に移動する「ファンタジー」も、その一つである。

4　「C　読むこと」オ　自分の考えの形成に関する指導事項。小学校第５、６学年の「C　読むこと」　考えの形成　オ　を受けている。

5　イ　作品や文章に表れているものの見方、感じ方、考え方を捉え、内容を解釈すること。

6　解説においては、学習の系統性として中学校第３学年のイ 文章の解釈に関する指導事項を受けていることが示されている。

7　「B　読むこと」　イ　語り手の視点や場面の設定の仕方、表現の特色について評価することを通して、内容を解釈すること。

8　イ　登場人物の心情や情景の描写を、文体や表現の技法等に注意して書き換え、その際に工夫したことなどを話し合ったり、文章にまとめたりする活動。

9　西尾哲夫「アラビアンナイト―文明のはざまに生まれた物語」岩波書店、2007、２頁。後述のように、18世紀のフランスで東洋学者のアントワーヌ・ガランによって翻訳されたことで広く知られるようになった。

これらの豊かな空想性は、口承によって語り継がれた物語の様相を、文学の形で文字で書き著したことと関連している。例えば、一般的にもよく知られ、学習指導要領にも示されている、「むかし、あるところに」という昔話特有の「語り」は、17 世紀のフランスで、シャルル・ペローによって形作られたものだ。ペローは、「語り」自体を文学様式として定型化し、「語り手」を共通のイメージとして抽象化した。そのため物語は、今・ここの現実の縛りから完全に切り離されて、一次元的[10]な独立した別世界として立ち上がった。

換言すれば、文学としての昔話は、著者の文学的想像の中で、「語り手」や「語り」を様式化したことから展開したものなのである。知的エリートによる、洗練された文章によって文字化された「文学的おとぎ話 (literally fairy tale)」[11]が新たに誕生したのだ。通常、これらの書かれた物語も、口承のものと同じ「昔話 (あるいは童話、メルヘン、フェアリー・テイル)」に分類される。

先に挙げた国語科教育における「語り」や「語り手」もそれらを踏まえて学習のありようを捉えなおす必要がある。国語科教育でも、口承の昔話・民話および、それに近い形で不思議な世界を描いた短編の物語は多く教材化されている。そして、それらと同じ空想性を基盤としながらも形式が異なり、比較的長編である「ファンタジー」との違いは認識され、物語の枠も意識されるようになってきている。[12]「語り」に着目することで、系統性を持つその後の空想的物語や写実的小説の学習にも新たな視点を持つことが可能となると考えられる。

本論では、枠物語における「語り」の様相について、まず、口承の説話

10　マックス・リュティは、ヨーロッパの昔話の物語の特質として不思議なことが起こる物語の位相を「一次元性」と称した。マックス・リュティ、小澤俊夫訳『ヨーロッパの昔話』岩崎芸術社、1997、17 頁。

11　ジャック・ザイプス、鈴木晶・木村慧子訳『おとぎ話の社会史』新曜社、2001 年、12 頁。

12　林志保は、ファンタジーとメルヘンの区別でしばしば引用される書として佐藤さとる『ファンタジーの世界』(講談社、1978) を挙げて、その違いに着目している。林志保「あまんきみこの表現」森本正一編『表現学大系　各論篇第 22 巻　童話の表現　二』教育出版センター、1989、142 頁。

を集めて文学にした物語集の代表的作品を取り上げながら明らかにする。そのうえで、国語科の定番教材となっている昔話の「語り」を中心に、その後の文学的文章への系統的な学びについて考察していく。

1　枠物語という「語り」の構造がもたらす幻想性

1－1　枠物語における啓蒙性と娯楽性

世界で最も古い枠物語として、インドで2世紀頃誕生したとされる、『パンチャタントラ』が挙げられる。その古さだけでなく、非宗教書であるにもかかわらず様々な言語に翻訳されていることからわかるように、世界中に大きな影響を与えた書物である。『パンチャタントラ』[13]は、賢い老教師に息子たちの教育を依頼するという外枠があり、その老教師が語る様々な教訓的物語が内側となる。その内側の物語を聞くことによって、外枠にいる王子たちが生きるための多くの知恵を身につけるという構成だ。

間接的な教訓物語は、現実時空から一旦離れた手法を取ることによって、直接的な表現が持つ狭隘さを避けることができるだけではない。あくまでも物語の内部のこととして語られるので、奇想天外な展開も受け入れることができる。そのため、現実時空を離れて楽しむ愉悦も味わえる。先に挙げた『アラビアンナイト』[14]にも同じことがいえる。

『アラビアンナイト』の概要について述べよう。シェヘラザードという大臣の娘が中心的人物となって、女性不信の国王による若い女性の処刑という蛮行をやめさせるため、王の前で毎晩、珍しい話、不思議な物語を語り聞かせるが、そこで語られる小さな物語群が内側の話となる枠物語である。[15]シェヘラザードは、話が佳境に入った頃に打ち切るという巧みな語り口によって、続きを知りたい王に処刑を一日延期させる。それを繰り返

---

[13] 三人の王子が怠慢で愚昧なことを憂いた、マヒラローピヤ国の王・アマラサクティから王子たちの啓蒙を依頼された、婆羅門のヴィシュニュサルマンが著したもの。

[14] 千一夜物語、千夜一夜物語とも訳される。原語のアラビア語は『アルフ・ライラ・ワ・ライラ』である。

[15] 前嶋信次『アラビアン・ナイトの世界』平凡社、1995、74頁。

してやがて国王に改心させるのが外側の物語である。外側の物語以上に、物語の中の物語として語られる内側は、幻想性が高くなり面白さが増す。現実からより遠くなるために、豊かな空想性が展開可能となるからであるが、『パンチャタントラ』も『アラビアンナイト』も、保持されているのは枠物語という構造であって、その中の話には弾力性がある点において共通している。

神話学研究者で『パンチャタントラ』の邦訳も行った松村武雄によれば、パーリ語や梵語で書かれた原典の翻訳は数多くあるという。松村は、「訳書の異なるに従って、物語の数に異同があり、文句も時に出入があるが、一つの大きな物語が輪郭となり、その中に多くの小話が箝入されてゐる形式にはかはりはない」[16]と指摘する。『アラビアンナイト』にも同じことがいえる。アラブ研究者の西尾哲夫は、よく知られている「アラジンと魔法のランプ」のアラビア語写本が確認されていないことから、次のように述べる。

> どこの物語ともわからないアラジンはアラビアンナイトの中におさまり、アラビアンナイトの大スターとなった。アラビアンナイトという物語加工工場は、貪欲にその物語を探し当てて作り変え、顧客の求めに応じて供給してきたといえるだろう[17]。

「アリババと四十人の盗賊」も同様である。[18] つまり、挿入されている小話には異同があり、各時代や地域の読者によって啓蒙性（エンライトメント）と娯楽性（エンターテイメント）の両側面から取捨選択されたり、形を変えたりしているのだ。フランス文学者の篠沢秀夫は、「文学とは、作者と作品と読者がそれぞれ関係しあう」「生きて

16　松村武雄『インド古代説話集　パンチャタントラ』現代思想社、1977、3頁。

17　西尾哲夫『アラビアンナイト―文明のはざまに生まれた物語』岩波書店、2007、iii。

18　20世紀初頭にオックスフォード大学図書館で写本が確認されたが、ガラン翻訳と同じものかどうかは不明だという。前嶋信次『アラビアン・ナイト別巻　アラジンとアリババ』平凡社、1985、287-288頁。

いる現象」[19]であるとしたが、今日まで残っている物語は、受容者の選択によって生き続けてきたといえるだろう。

だからといって全くの共通点がないわけではない。何世紀にもわたる長い時間と世界の様々な地域を超える広い空間の中で淘汰されたり、変容したりしながら生き残ってきた物語には、核の部分において共通性がある。このことは、AT分類[20]と呼ばれる昔話の型のインデックスからもわかる。

つまり、枠物語という形式の中で語られる物語には、普遍的な枠構造という型から生じる幻想性があり、空想的な内側の物語は、変化と淘汰の可能な自由な部分と共通した核から成っているということがいえる。だが、物語が多重化した入れ子構造を持つようになると、内と外の枠組みは固定化されたものではなくなり、複雑化する。

１－２　物語の持つメタ機能　～物語の中の物語の中の物語…

口承の物語を記述文学の形に転換したのは、イタリアのジョヴァン・フランチェスコ・ストラパローラによる短編物語集『愉しき夜』(1550) である。同書は、同じイタリアの古典的枠物語であるボッカチオの『デカメロン』(1353) を模したとされる。『デカメロン』は、感染症禍を逃れた土地でのエンターテイメントとして、語り手を交替しながら展開する枠物語である。

したがって、西欧では教訓性よりもむしろ娯楽のための枠物語の形式が定着していたわけだが、その語られる内容に説話や昔話を用いた[21]のが、『愉しき夜』であり、そのためにヨーロッパ最古の昔話集[22]とされる。『愉しき夜』のアンソロジーを翻訳した長野徹によれば、「物語（ノヴェッラ）の作家たちは、多かれ少なかれ『デカメロン』の流れを汲みつつ、各人各様の個性に彩ら

19　篠沢秀夫『フランス文学案内』朝日出版社、1980、16頁。

20　「欧米の昔話研究者たちのあいだで共通のカタログとして使用されているアールネ＝トムソン共著『昔話の型』(The Types of the Folktale)（略号AT）」における分類。柳田國男『日本の昔話』新潮社、1983、187頁。小澤俊夫による「解説」参照。

21　Nancy Canepa. “Straparola, Giovan Francesco (c. 1480-1558)” in *The Greenwood Encyclopedia of Folktales and Fairy Tales*, 3-volumes, edited by Donald Haase, Greenwood Press, 2008, pp.926-927.

22　Opie, Iona; Opie, Peter, *The Classic Fairy Tales*, Oxford and New York: Oxford University Press, 1974, p.20.

れた作品を残した」という。そして、『愉しき夜』も、枠物語という形式面だけでなく、内容面でも『デカメロン』の影響はみられるが、「その最大の特徴は、昔話的な物語が数多く収録されていること」を挙げる。長野は、「他のノヴェッラの作家の物語集にも昔話的な要素は散見されるが、民間伝承から汲み上げた素材の元の形をよく留めた物語を多く集めているという点ではストラパローラは際立っている」とする。そのため、「記述文学としての昔話の魅力と文学的可能性にいち早く着目し、後の時代の昔話集やお伽噺集といったジャンルに先鞭を付けた作家であったと言える」[23]と高く評価している。

『愉しき夜』の概要について述べよう。政争に巻き込まれた司教とその未亡人の娘は迫害をのがれてヴェネツィアに身を寄せるが、そこに貴婦人と紳士たちが集い、そのカーニヴァルの間十三夜にわたって侍女たちや男性客がお話を語っていく枠物語である。イタリアで当時のベストセラーであったが、1560年にはフランス語に訳され、16、17世紀にわたって数多くの版を重ねた[24]という。このことは、後に詳述するシャルル・ペローの物語集にも類話が見られることと符合する。

口承の昔話を語る「語り手」によって枠物語がメタ的に物語を何重にも取り込む可能性をもつことを示したのは、ジャンバティスタ・バジーレである。バジーレは、ヨーロッパで最初に口承の物語の「語り手」と「語り」を文学として書き著した。今日では『五日物語(ペンタメローネ)』(1634-36、以下『ペンタメローネ』)として知られているが、もとは『お話の中のお話Lo cunto de li cunti』と題されたもので、原題通りの多重化した枠物語となっている。外枠にいる「語り手」の物語の中で、多数の語り手が物語り、さらにその中の一つが外枠の話を語っているという複雑で巧みな入れ子構造を持つ。物語自身が物語を語り、語った物語によって語られることで、物語が内包するメタ的な物語る力が示される。

五日かけて十人の話し手がそれぞれ一日一話ずつ、あわせて五十の昔話

23　ストラパローラ、長野徹訳『愉しき夜　ヨーロッパ最古の昔話集』平凡社、2016、316頁。

24　同前、314頁。

を語るというスタイルを取る枠物語であるが、語られる五十話だけでなく、外側の枠もまた伝承の昔話であるという点において画期的であった。英語版から邦訳した杉山洋子は、「『ペンタメローネ』こそ昔話集の元祖」であるとしたうえで、「しかもその五十の話がただ恣意的に集めてあるのではなくて、実は枠の物語を完結させるためのプロット作りの役割を果たしている」ところに「バジーレのユニークな創意」[25]があるとしている。杉山が指摘する「ユニークな創意」とは、『ペンタメローネ』には、外枠の物語を語る、目に見えない「語り手」が存在しているということである。杉山の表現を借りれば、「全体を統括する作者自身らしい語り手、というかバジーレその人みたいな書き手がいて、一日ごとの区切りをつけ、最後に、結末へとことがうまく運ぶのを見届けてからそっと姿を消す」存在である。

外枠は、〈笑わない王女〉と〈眠る王子〉の運命の物語である。笑わない王女ゾーザ姫を父王が何とか笑わせようと試みることが事の発端であるが、冒頭には独立して、結末までの物語の全貌を示す教訓的な概説があり、結末まですべてを知っている「語り手」が浮かび上がる。あらすじは次のとおりである。自らの姿をみて笑ったゾーザ姫に憤慨した老婆による悪態の内容から、ゾーザは妖精の呪いで眠ったままでいるタッデオ王子を蘇らせて夫にするために、旅に出ることになる。老婆の言葉は、その王子と結ばれないならば、一生誰とも結婚できない、というものであったが、侮辱や呪いの言葉というよりもむしろ運命の予言であったといえるだろう。王子を目覚めさせる直前に奴隷ルチアに入れ替わられてしまい、王子を取り戻すため、偽の妃が欲しがった人形に昔話を聞きたくてたまらなくなるような魔法をかける。そのため、王の命令で十人の話し上手の女性が集められ、毎日十話、五日で五十話が語られるわけだが、最後の五十番目の話はゾーザ自身の身の上話となっており、その話によって奴隷女の悪事が露見し、罰を与えられて最後は大団円となる。

25　ジャンバティスタ・バジーレ、杉山洋子・三宅忠明訳『ペンタメローネ（下）五日物語』筑摩書房、2005、380頁。

物語は、始まりや話の区切りごとに現れる「語り手」によって進められ、「というところで、みな様の善き末永きご繁栄を祈りつつ、作者なるこの語り手も、スプーン一杯のハチミツを頂戴して、そうっと席を外したのでありました」と結ばれる。この結びの言葉は、文末の注によれば、「語り手が物語に対する報酬というか、ごほうびを、ねだっている」[26]言葉なのだという。この「語り手」がゾーザの物語を語るわけだが、その内側の「語り手」の身の上話として外枠のゾーザの物語が語られて、それによってゾーザの物語が完結し、最後にまた「語り手」が現れて締めくくるという入れ子構造となっている。

ナポリ語で書かれていたために、すぐには広範に翻訳されなかったものの、フランスのペロー[27]やドイツのグリムの物語にも類話が見られる。だが、話の内容以上に重要なのは形式で、繰り返し述べるように、この物語には、小話を語る複数の語り手と、それを統括するかのような外枠の物語自体の「語り手」がいる。物語はメタ的な「語り手」を通して、より一層多重化している。この多重化が現実離れした空想世界をより豊かにし、エンターテイメントとしての愉しみをもたらすのである。こうした不思議な世界を語る「語り手」の存在は、後の児童文学ファンタジーにも引き継がれており、国語科教材の物語文にもみることができる。学習の際は、「語り手」は最初から物語の顛末を知っているが、作者その人ではないことに留意しなければならない。

さらに、約60年後のフランスで、「語り手」を完全に物語の外側に押し出して抽象化し、「語り」自体を前景化することで、読み手の現実から遠ざけた物語が誕生する。それらの物語によって、今日の昔話の典型的な「語り」のイメージが確立されたといってもよい。メタ的な「語り手」の「語り」自体を定型化して、物語の中には見えないどころか全く存在させないにもかかわらず、あたかも書籍全体の話の「語り手」として印象付け

26　同前、373頁。

27　ただし、フランス語の翻訳本が出されたのは19世紀のことであり、同書からの直接的な影響があったことは断定できない。

ることに成功したのが、シャルル・ペローである。

2　読み手の現実から空想を引き離す呪文（スペル）〜「むかし、むかし、あるところに…」

既述の学習指導要領にもあるように、昔話の冒頭句は、今日ではよく知られており、その「語り」が昔話であることの証のようになっている。先述の長野は、「昔話の典型的な語り口の一つに、「昔むかし、あるところに」といった語り出しがある」として、それが時空を超越したものであることを次のように説明する。

> この場合の「昔」というのは、現実世界の時間軸の過去の一時点を指しているのではない。同じように「あるところ」というのも、現実世界に地理上のどこかを指すのではない。昔話は現実世界とは本質的に別の時空を舞台にしているのであり、「昔むかし、あるところに」という言葉は聞き手や読者をそうした別次元に誘う機能を持っている[28]。

そうした時間と空間を超えた出来事には、「語り手」も直接的に関与しているわけではないし、時空を超えてすべてを見ている時点で現実の作者と同一の存在ではない。「語り手」は、物語の内部にいながら、物語の筋そのものには作用しないが、物語の外側にいる読み手（あるいは聞き手）と物語を繋ぐ存在であるといえる。もともと聞き手を前にして一人の語り手が語る物語の形式が、書承の再話においてもそのまま踏襲されており、目に見えない形で「語り手」とその聞き手が物語には内在している。

それは、17世紀末のフランスで、シャルル・ペロー[29]が定式化して作り

---

[28] ストラパローラ、長野訳、2016、318頁。

[29] ペローは、ルイ14世の宮廷の権力の中枢にいたエリートで、王立学会であるアカデミー・フランセーズの会員でもあった、都市部に住む有産の市民階級、いわゆるブルジョワジーであった。私市保彦『フランスの子どもの本—「眠りの森の美女」から「星の王子さま」へ』白水社、2001、37頁。

上げた、文学の一つの様式である。ペローは、『過ぎし時代の物語またはお話集—教訓付き *Histoires ou Contes du temps passé Avec des Moralités*（1697）の中で複数の物語を「Il était une fois ……」という言葉で始めている。要するに、時間も場所も不特定な抽象化した物語であることが宣言されているのである。このような物語の導入はストラパローラやバジーレには見られないもので、少なくともヨーロッパにおいては、ペローによって定式化されたものだ。

したがって、次に挙げるストラパローラの物語が昔話とは異なる特徴は、むしろ、文学としての昔話の様式確立以前であったことを示している。「時間のほうは「そう遠くない昔」のようにやや曖昧な設定がなされているものの、場所のほうはシチリアであったりヴェネツィアであったりと、具体的な舞台設定がなされている」と長野は述べる。さらに、「一般的にはリアリズムを基調とし、現実世界の具体的な場所や時代設定の中で語られるノヴェッラの語り口を踏まえている」という。他にも、登場人物が「王子や王女、若者や老人といった名前のない記号的な存在ではなくて、必ず名前が与えられており、性格や人柄などの人物の肉付けもある程度施されている」ことや、文体も「名詞を修飾する形容詞をいくつも重ねたり、大仰な比喩を用いたりする点」[30]がノヴェッラ的であることを指摘する。そして、ストラパローラを「バジーレ、ペロー、グリムと繋がるヨーロッパの昔話の源流と位置づけ」ながらも、「ストラパローラにとっては、昔話はあくまで素材であり、それが独自の語り口や様式を持つジャンルであるという認識はまだなかったに違いない。すなわち彼の作品は、昔話という素材をノヴェッラの鋳型に流し込むことによって作られたものだ」[31]と述べる。これらの特徴は、文学としての「昔話」の様式がまだ確立されていなかったがゆえのものであろう。

『ペンタメローネ』にも同様のことがいえる。杉山とともに邦訳した三宅忠明も、物語の特徴として、「登場人物や土地に名前があることと独特

---

[30] ストラパローラ、長野訳、2016、318-319頁。

[31] 同前、319頁。

の語り口」を挙げる。三宅は「バジーレはおびただしい数の人名を考案し、これらの人物をナポリを中心とする実在の地名に配置、活動させ」、「いたるところ、擬人化された暁や真昼の空、夜の森、小川の流れ、そびえたつ山がある」ことが物語の特徴であるとする。そのうえで、「そのバロック的な執拗さや誇張された比喩を冗長ととるか愉快ととるかは読者の自由である」[32]と述べるが、このことも昔話独特の時空の超越や素朴な語り口がまだ確立されていなかったことを表していよう。

したがって、三宅が「昔話とは本来、「昔むかしあるところに」で語りはじめられ、時代も場所も特定されないのが通例である」としたり、「語り口に昔話本来の素朴さはない」[33]としていることもまた逆で、後進のペローによって確立されたことで、「昔話」は文学ジャンルとしての語り口の特性をもつようになったのである。

ペローは、民衆の間で語られていたり、あるいは書かれたものとして知られていたりした物語の数篇を集め、『過ぎし時代の物語またはお話集―教訓付き』と題した。その中に含まれる、「眠りの森の美女」、「赤ずきんちゃん」「ねこ先生または長靴をはいた猫」「サンドリヨン[34]または小さなガラスの靴」[35]などの物語には、妖精が登場したり、不思議なことが起こったりする。そうした物語を遠い過去のものとして、「昔話」の様式を確立したのである。ペローは同書の献辞として、王家の令嬢である内親王に宛てて、次のように述べている。

> これらの昔話は、ごく下々の家庭内にもちあがる出来事を写しており、子どもたちを教育しようという熱心さは見上げたものでありますが、まだ分別をわきまえぬ子どもたちの程度に合わせて、道理を欠いた物語を語っております[36]。

32　バジーレ、杉山・三宅訳、2005、9頁。

33　同前、8-9頁。

34　今日著名なシンデレラは、フランス語からの英語訳である。

35　英語のフェアリー・テイルfairy taleはフランス語から翻訳輸入されたもの。

36　シャルル・ペロー、新倉朗子訳『完訳　ペロー童話集』岩波書店、1982、154頁。

庶民の間で起こる出来事を描き出している「語り手」は当然ながら、ブルジョワジーであるペロー自身ではない。また、教育される側である聞き手も、読者とは異なる受け手が想定されている。だが、これらの話の「語り手」は、2年ほど前のほぼ同じ内容の手稿本のタイトルが「鵞鳥おばさんの話*Les Contes de ma méle l'Oye*」となっていることに鑑みると明らかとなる。「鵞鳥おばさん」[37]は、伝承の民話や民謡の伝え手であるが、神話的な存在である。手稿本の扉絵には、農民風の年配女性と、その周りを取り囲んでいる数人の若者や子どもの愉しそうな姿が描かれている。服装を見ると、お話を聞かせてくれる語り手の女性とは異なり、聞き手は裕福な上流階級の子弟であることが伺える。この扉絵は、昔話に対する典型的なイメージを映し出しているが、それを書き著す形で、物語のタイトルや語りの定型を通して造り上げたのがペローなのである。1697年のオーノワ夫人の妖精物語集[38]でも用いられたり、19世紀初頭のドイツのグリム兄弟による子ども向けのメルヒェン（Märchen）にも引き継がれたりして定着したものだ。

さらに、「語り」の定型は、「鵞鳥おばさん」という伝承の神話的な存在としての「語り手」を確立した。「鵞鳥おばさん」は、それまでストラパローラやバジーレの物語では複数登場していたどの語り手とも同化できる普遍性を持つ。そのため、物語世界から押し出されて読み手とテクストの間に立つものとなり得たのである。

したがって、昔話は、語られている口承の場にあっては一次元的であるといえるが、語りの場が書承において再現される場合には、見えない「語り手」とその目の前にいる聞き手とが内包され多元的になる。これは、ペローによる、ストラパローラやバジーレのノヴェッラとは異なる文学領域

37　英語圏、特にアメリカで、伝承童謡の総称を「マザー・グースの唄（*Mother Goose's rhymes*）と呼ぶのは、ペローの物語の英語による翻訳受容による。

38　英語のfairy taleの元になったcontes de féesという呼称はオーノワ夫人によって用いられたものだが、1697年より前の物語では語り出しの特徴は見られない。（Madame d'Aulnoy,Contes des Fées suivis des Contes nouveaux ou Les Fées à la ModeContes des fées ; suivis des Contes nouveaux, ou, Les fées à la mode / (Bibliothèque des génies et des fées ; 1. I, L'âge d'or du conte (1690-1709). 1, Le cercle des conteuses.); édition critique établie par Nadine Jasmin; avec une introduction de Raymonde Robert. H. Champion,2004.）

の確立としての、簡潔な「語り」の文体のインベンションである。同時に、物語世界を読み手の現実時空から引き剝がし、虚構として独立させることで普遍性を持たせて一般化しやすくしたイノベーションでもある。

ペローは、ノヴェッラ、小説として写実性が重んじられた文学とは異なる、非現実性を基盤とした「昔話Contes du temps passé」という新しい文学ジャンルを生んだ。時空を超えた「昔話」としての空想物語世界は、現実との間に線引きがなされ、さらに透明な存在として「語り手」を媒介させ、昔話としての「語り」の様式を確立させたといえる。読み手は、今・ここの現実から遠い昔の別世界としての物語へ移動し、終わりとともに戻ってくる。つまり、読み手の現実と物語の間に枠ができることになり、物語を読むという行為自体が、読み手の人間にとっての「行きて帰りし物語」となっているといえよう。これまで口承文芸を通して行われていた現実と空想の往還の愉悦を、文学様式を通して味わわせているところに、ペローの物語の新規性がある。他にも、この時期のフランスでは、上流階級や知識人の間で、現実と物語（空想）の関係性がそれ以前とは変わってきていることが指摘できる。

既述の『アラビアンナイト』が、物語として日の目を見たのも同じ時期のフランスである。もともと口承中心で、大衆向けの卑賤な物語とみなされており、写本も多くなかったが、近世フランスの東洋学者のアントワーヌ・ガランによってフランス語に翻訳された『千一夜物語*Les Mille et Une Nuits*』（1704-1706）が出されたことで、文学としての価値が見いだされたのである。先述の西尾によれば、「現在ではアラビアンナイトの一部として有名になった「シンドバード航海記」の翻訳が完成したのは1698年前後のことらしい」[39]という。ガランは、断片を除いて現存する最古の写本を翻訳したが、ガラン訳が宮廷でベストセラーとなったのは、すでにペローをはじめとする妖精物語が人気を博していた[40]ことも大きい。空想的な物語を受け入れる土壌ができていたのである。

39　西尾、2007、11頁。

40　同前、13-14頁。

近世フランスで誕生した、古くて新しい二つの物語様式、すなわち「昔話」と枠物語は、「語り」や「語り手」がもたらす空想性をさらに展開した「ファンタジー」を生む源流となった。現実から切り離された空想の物語と、異国風の別世界が描かれる多重構造の物語とが相まって、両者が融合した「ファンタジー」が誕生、興隆したのである。西尾は、フランス語版『アラビアンナイト』が翻訳されて西欧に広まり、「アンデルセンやゲーテの愛読書ともなった」ことを挙げて次のように述べる。

> トールキンの名作『指輪物語』や、世界的なベストセラーになった『ハリー・ポッター』などのファンタジーにしても、アラビアンナイトの翻訳を通してヨーロッパにもたらされた新しい文学思潮の流れを汲んでいることが指摘されてきた[41]。

本稿で紙幅の都合上これ以上詳細に述べることはできないが、デンマークのH・C・アンデルセン[42]によって生み出された、登場人物自身が別世界に移動する多重構造の「ファンタジー」は、ペローによる空想の現実からの分離と、『アラビアンナイト』の枠物語構造と異国風の幻想性の双方を受け継ぐものである。後の展開に鑑みると、「昔話」としての「語り」が単に形式化されたことのみが重要なのではない。そのことによって、物語世界が現実から引き剝がされて、虚構（フィクション）としての自律性を持ったことにこそ大きな意義があるといえる。

3　国語科教材における「語り」の様相

前章までの、物語のメタ機能や、語りの定型化による現実からの分離の特徴を踏まえて、本章では国語科で教材化されている物語の語りについ

41　同前、3頁。

42　アンデルセン童話については、拙著『見えない世界の物語　超越性とファンタジー』講談社、2014参照。

て、具体的に見ていく。そこから、空想世界と現実との距離感をもとに、読みのありようについて検討したい。（国語科教科書については、すべて令和４年発行のものを用いている。）

３－１　物語文における「語り」の違い

初等国語科の定番教材には、国内外の昔話の再話が数多くあり、低学年に集中している。どの話にも現実にはあり得ないことが起こり、広義には「ファンタジー」であるといえるが、「語り」に着目すると、その構造は様々で必ずしも一枚岩ではないことがわかる。

まず、日本の昔話の定番教材である「おむすびころりん」（光村図書『こくご　一上　かざぐるま』）、「たぬきの糸車」（きしなみ、光村図書『こくご　一下　ともだち』）、「かさこじぞう」（いわさききょうこ、学校図書『小学校　こくご　二下』、教育出版『ひろがることば　小学国語　二下』、東京書籍『新しい国語　二下』）を見てみよう。これらは、日本語の字義通り、昔という時間軸は「語り」の中で固定されている。「おむすびころりん」は、「むかしむかしのはなしだよ。やまのはたけをたがやして、おなかがすいたおじいさん。そろそろおむすびたべようか」と、お話というよりも、終始リズミカルで、歌のような「語り」となっている。いかにも昔話らしい語り口ではじまるのは、「たぬきの糸車」と「かさこじぞう」である。それぞれ、「むかし、ある山おくに、きこりのふうふがすんでいました」（たぬきの糸車）、「むかし、むかし、あるところに、じいさまとばあさまがありましたと」（かさこじぞう）と始まる。共通語と方言の違いはあるものの、時間と空間、人物などすべてが典型的な「昔話」の「語り」の法則に従っている。

寺田守は教材の解釈として、「かさこじぞう」の冒頭の一文には、「格助詞のとがあることで、伝聞や引用をあらわしていること」、「描写の表現が丁寧に描かれており、書き言葉の小説の特徴が見られること」[43] を指摘して

---

[43] 寺田守「かさこじぞう」寺田守編『文学教材解釈 2014』京都教育大学国語教育研究会、2014.9、4頁。

いる。したがって、伝聞性や多重構造を感じさせながらも、描写においては小説的表現があることから、読解の手がかりをもつものであるといえよう。また、教科書教材となっている物語で不思議に遭遇する人間は概ね善良な人物であることから、エンライトメントとしての読みも可能ではあるが、たくさんある昔話の中には色々なタイプの人物が登場するし、ただの教訓話とは異なるエンターテイメントの側面が矮小化しないようにする必要があろう。

同じヨーロッパの昔話の再話であってもロシアの物語には、時空を超える冒頭句は見られない。一年生の定番教材である「おおきなかぶ」（うちだりさこ訳、学校図書『しょうがっこう　こくご　一ねん上』、教育出版、『ひろがることば　しょうがくこくご　一上』、東京書籍『あたらしいこくご　一上』、光村図書『こくご　一上　かざぐるま』）は、「おじいさんが、かぶのたねをまきました」で始まる。また、教科書教材ではないが、同じ訳者によるウクライナの民話『てぶくろ』も、「おじいさんがもりをあるいていきました。こいぬがあとからついていきました。おじいさんはあるいているうちに、てぶくろをかたほうおとして、そのままいってしまいました」[44]と始まる。どちらも普通のおじいさんの日常であるが、その後に非現実的なことが起こる。

「おおきなかぶ」では、「あまいあまいかぶになれ。おおきなおおきなかぶになれ」という言葉は呪術的で、その文言通り「あまい、げんきのよい、とてつもなくおおきなかぶ」ができる。その後、人間のおじいさんやおばあさん、まごだけでなく、いぬやねこやねずみまでがかぶを引き抜く手助けをする過程で次第に非現実的になっていく。『てぶくろ』でも、落とした手袋のところにかけてきて住み着いたねずみの後に、かえる、うさぎ、きつね、おおかみ、いのしし、くまが次々とやってきて手袋の中に入っていく様は現実を大きく逸脱していく。最後の場面で、「こいぬは「わん、わん、わん」とほえたてました。みんなびっくりしててぶくろからはいだ

[44] エウゲーニー・M・ラチョフ絵、うちだりさこ訳『ウクライナ民話　てぶくろ』福音館書店、1965、3頁。

すと、もりのあちこちへにげていきました。そこへおじいさんがやってきててぶくろをひろいました」[45]と何事もなかったかのように元通りになる。おじいさんの手袋に動物たちがすべて入ることは通常できないので、「おおきなかぶ」同様、大きさに関するノンセンス的なユーモアのクレシェンドがあり、最後に元に戻る枠物語的構造となっている。現実と空想というものの捉え方に対する西欧と東欧の違いを見ることができる。

令和4年発行の教科書から新しく収載されたグリム童話「おかゆのおなべ」(さいとうひろし[46]、光村図書『こくご　一下　ともだち』)は、「まずしいけれども、こころのやさしい女の子がいました」と始まる。完訳版の小澤俊夫訳[47]、池田香代子訳[48]のいずれを見ても、「むかし」から始まっているが、教材文にはそれがない。本来のグリム童話「おいしいおかゆ」(KHM103)の「昔」という時間軸を示す「語り」は省かれていることになる。この場合、子どもたちはすでに確立された典型的なイメージの受容経験から「昔話」として読むのか、あるいはそうではないのか、今後の実践における反応に注目したい。

また、創作の童話の中にも、昔話風の語り口を持つものがある。「きつねのおきゃくさま」(あまんきみこ、学校図書『小学校　こくご　二年下』、教育出版『ひろがることば　小学国語　二上』)は、物語自体はオリジナルであるが、昔話の「語り」を踏襲している。「むかしむかし、あったとさ。はらぺこきつねがあるいていると、やせたひよこがやってきた」という始まりや「とっぴんぱらりのぷう」という結びの言葉もあまんの創作である。近代日本童話の代表的作品である「ないた赤おに」(はまだひろすけ、教育出版『ひろがることば　小学国語　二下』)も、「どこの山だかわかりません」と始まっており、昔話風にアレンジした創作童話である。このような

45　同前、16頁。

46　再話した斉藤洋は、ドイツ文学者であり、児童文学作家である。

47　「むかしむかし、あるところに信心深いまずしいむすめがひとりありました」グリム兄弟、小澤俊夫訳『完訳グリム童話Ⅱ』ぎょうせい、1995、205頁。

48　「昔、貧しいけれど神さまをたいせつにする娘がいた」グリム兄弟、池田香代子訳『完訳グリム童話集2』講談社、2008、405頁。

創作の短編は、厳密には伝承の「昔話」とは異なるものの、児童文学研究上は、ほぼ同義である創作童話・メルヘン[49]に分類される。

3－2　枠構造をもたらす見えない「語り手」の存在

「語り手」の「語り」が内包されている定番教材には、「スーホの白い馬」（おおつかゆうぞう、光村図書『こくご二　赤とんぼ』）がある。「中国の北の方、モンゴルには、広い草原が広がっています。……このモンゴルに馬頭琴というがっきがあります。……それには、こんな話があるのです」という語り出しから始まる。楽器の由来譚としてこの物語を語る「語り手」の存在が浮かび上がるわけだが、物語の終盤、「これが馬頭琴です」と、位相が違う「語り」が挿入されている部分がある。これは、「語り手」が最初の所で述べた馬頭琴そのものを、目の前の聞き手と読み手に説明しているためで、「語り手」による「語り」をイメージした物語には比較的見られる挿入である。最後に時間の経過と楽器の広まりが示され、今でもその音色が多くの人々の疲れを癒している、と締めくくられており、時空の超越がある枠物語となっている。

新美南吉の「ごんぎつね」（学校図書『小学校国語　四年下』、教育出版『ひろがる言葉　小学国語　四下』、東京書籍『新しい国語　四下』、光村図書『国語　四下　はばたき』）や、宮沢賢治の「やまなし」（光村図書『国語　六　創造』）も「語り手」が媒介する枠物語である。

「ごんぎつね」の冒頭では、「これは、わたしが小さいときに、村の茂平というおじいさんから聞いたお話です。……近くの中山という所に、……中山様というおとの様がおられたそうです」と、遠い過去の、伝え聞いた話であることが明かされている。また、「やまなし」は、カニたちの物語の前後に、それが二枚の幻灯であることが示されており、物語自体が賢治の心象スケッチのように表現されていることから、独特の雰囲気を持って

49　児童文学研究者であり、海外児童文学の翻訳を多数手がけた神宮輝夫は、「あまんさんの作品は、ファンタジーというより、メルヘンと呼ばれる作品の系列になる」と述べる。神宮輝夫『現代児童文学作家対談』偕成社、1992、31 頁。鳥越信は、「広介童話の大部分は、おとなの論理」で「物語が運ばれている」と批判している。鳥越信『新編　児童文学への招待』風濤社、1976、66 頁。

いる。賢治の場合、中学校の定番教材「オツベルと象」(教育出版『伝え合う言葉　中学国語1』)も、「……ある牛飼いが物語る」と始まり、「おや[50]、川へはいっちゃいけないったら」で終わる。オツベルの話を語る、見えない「語り手」とその聞き手が内包された枠物語となっている。

本来の物語との間に見えない「語り手」が入り込むことで、読み手の現実との段差ができて距離が遠くなり、虚構性が大きくなるわけだが、「スーホの白い馬」や、「オツベルと象」のように、「語り手」は物語から離れて目の前の聞き手に向かって語りかけることもできることは注目に値する。あまんきみこの「ちいちゃんのかげおくり」(光村図書『国語三下　あおぞら』)にも同じような表現がある。

> この町の空にも、しょういだんやばくだんをつんだひこうきが、とんでくるようになりました。そうです。広い空は、たのしい所ではなく、とてもこわい所にかわりました。

文中の「そうです」という一文は、「語り手」が目の前の聞き手を想定しているからこそ挟まれている文言である。中村哲也は、この「語り手」の言葉について、次のように述べている。

> ファンタジー作品とは、「創造力と驚異の念」という子どもらしい心をもった「モデル読者」を予め内包しており、この読者を受け入れることが暗黙に理解上の前提として要求されている。
> このことは、これまでの経験的読者論ではとらえられてこなかった論点であり、ファンタジー作品を扱う場合、まず、この「モデル読者」の役割・機能をどう理解し、受け止めるかが教材研究の上で紛れもなく重要な指標になってくると私は考える[51]。

50　原文は一字不明。

51　中村哲也「ファンタジー作品と国語教育の「現場」田中実・須貝千里編『文学の力×教材の力　小学校編3年』教育出版、2001、77頁。

この中村の言う「モデル読者」とは、ウンベルト・エーコが小説における「モデル作者」と対にしている概念である。「モデル作者」とは、「そうです」と同じように、小説内で突如前景化して読者に語りかけるような「匿名の声」である。エーコは、ジェラールド・ネルヴァルの『シルヴィー』(1853) の一節、「馬車で坂道をつぎつぎのぼっているあいだ、わたしたちのほうは、わたしが足繁く通っていたころの想い出を組み立て直してみることにしよう」[52]を挙げ、以下のように説明する。

> ここにあるのは、語り手の声ではありません。ネルヴァルという、モデル作者の声なのです。その声が物語の中で一瞬、一人称で話しだして、わたしたちモデル読者に、「語り手であるかれが馬車で丘をのぼってゆくあいだに、わたしたち（もちろんかれも含めてですが、同時にわたしも読者の皆さんも）のほうは、わたしが足繁く通っていたころの想い出を組み立て直してみることにしよう」と語りかけているのです[53]。

さらに、エーコは、それが一つの文体であることを指摘する。

> そのすがたをはっきりととらえたとき、それは、あらゆる芸術・文学理論が「文体（スタイル）」とよぶものにほかならないことにきづくのです。そう、たしかに最後にはモデル作者はひとつの文体として、すがたをあらわすことになります[54]。

国語科教育においては、物語に内包される「モデル作者」と「モデル読者」に加え、現実の読者としての子どもに目を向ける必要がある。府川源一郎は、物語教材における子どもの受容の重要性を指摘し、次のように述

---

52 ウンベルト・エーコ、和田忠彦訳『小説の森散策』岩波書店、2013、50 頁。

53 同前、51-52 頁。

54 同前、37-38 頁。

べる。

> 従来、児童文学は、大人の文学よりも、一段低く見られてきた傾向があるが、その分、権威的ではない、子どもの欲求に根差した豊かな受容がなされてきたともいえる。その受容の様態こそを、積極的にとらえ直していく必要がある[55]。

府川のいう「子どもの受容」は、「モデル読者」との関係性を意識しながら見ていく必要があるだろう。「語り」や「語り手」によってさまざまに多重化した枠物語の特質を生かして読みを深めるような学びを構築していくことが求められる。

結語

「語り」や「語り手」によって多重化した枠物語は、時代や地域毎の啓蒙性（エンライトメント）と娯楽性（エンターテイメント）の揺らぎの中で内側の物語を変えながらも、形式や核の部分は残り続けている。「語り手」によって、物語がメタ的に物語を何重にも取り込むことが可能であるために、枠物語は外側の現実にも作用し、現実と空想の関係性を脱構築する。枠構造により、内側の幻想性・空想性が豊かになるが、物語が多重化した入れ子構造を持つようになると、内側と外側の枠組みは現実対空想として固定化されたものではなくなり、複雑化する。つまり、「語り」は、現実の枠組みから物語を引き離して自由にさせる働きをすると同時に、物語としての独自の論理構造を自律的に持つのである。

ペローが確立した文学としての「昔話」は、定式化された「語り」によって、今・ここの現実時空とは異なる、独立した空想的世界の物語であることが前提とされる。だからこそ、この世離れした不思議で愉快な物語が展開可能となった。『アラビアンナイト』もガランによって、異国への

---

[55] 府川源一郎『「ごんぎつね」をめぐる謎　子ども・文学・教科書』教育出版、2000、51頁。

憧憬がつまった枠物語として洗練され、新たな魅力を持った。近世フランスで、ほぼ同じ時期に、遥か昔の時代を思わせる「語り」と遠い別世界の「語り手」による多重構造の物語が人気を博したが、それらはノスタルジーと新鮮さを同時に持つ新しい文学の潮流となって、後の「ファンタジー」に繋がっている。

国語科教育においては「語り」の特徴は意識されているものの、「語り手」の視点によって分析されてきた。だが、「語り」を単なる物語の要素として分析するための手立てとするのではなく、「語り」が示す時空の超越や多重構造に目を向けなければならない。

個々の国語科教材を見ても、「語り」の様相は様々であり、一つひとつの物語文教材で語られている言葉に着目して、現実との距離や関係性を丁寧に見ていくことで読みが深まっていくと考えられる。その上で、「モデル作者」の声が語りかける「モデル読者」と現実の子どもたちはどう重なり合っているのか、また、子どもたちの中にどのようなイメージが浮かび、物語の空想性やリアリティをどのように受け止めているのかについても留意しながら、読み進めていくことが重要だといえる。

「語りと語り手」実践編

語りを視野に入れた授業実践
——小学校4年　新美南吉「ごんぎつね」——

西川　義浩

1、　はじめに

教室の中で児童が文学テクストを読むという行為は、様々な位相の「対話」(学習コミュニケーション) を生み出す営みであり、個人の考えからイデオロギーまで、自ら獲得してきた概念が揺さぶられ、更新されていく現象に他ならない。文学テクストを「読む」という行為は、本文の中に込められているとされる「作者」の願いを掘り起こす受容的な作業ではなく、読者による、様々な位相の対話が生み出す能動的な意味生成行為である。

教室において能動的な「対話」を生み出していくためには、学習者がテクストに対して関わる目的やそのための方法知が不可欠であり、そこにいる仲間との共有あるいは検討も構成要素として欠かすことができない。

同時に読者が何と「対話」をしているのか、読者の内面を捉える授業者の目線も必要となる。実際の授業でよく見られることだが、一見すると活発な意見交換をしているように見えても、テクストとの対話の対象が重なっていないことで、双方の考えの更新に繋がっていないことがある。物語の登場人物と同化して考えているのか、語りの枠組みを意識して考えているのか、あるいは作者を想定して関連させて考えているのか、読者が何を想定して考えているのか自覚的になる必要がある。

文学的文章を読む授業においては、授業者は、学習者を中心とした一つの学習のまとまりとして授業を計画すると共に、学習者の内面の対話に目を向け、どのような位相の意味生成が行われているか掴みながら、絶えず授業をリ・デザインしていくことが重要であろう。そのような問題意識の下、「ごんぎつね」を読むことの授業実践を行った。

2、 児童の実態

通常、小学校中学年においては物語内容の位相に目を向けることが一般的である。物語世界に入り込んで、登場人物の人物像や心情の移り変わりを考えたり想像したりすることが、読みの中心となる。しかし本学級の場合、物語世界に同化するよりも、むしろ読者として物語世界を対象化して読むことを経験してきている。読者として読んだときにどのような意味を見出すのか、あるいは作家像はどのように捉えられるかについてメタ的な視点で考えてきた子どもたちである。

前担任が３年時に行った「おにたのぼうし」では、生身の人間である作家と、その頭の中にある「おにたのぼうし」の作者（児童は、全知全能の「超能力者」という言葉で表現）を別個のものとして捉え直すなど、作家と作者の関係について一考してきている。

また、４年１学期の「白いぼうし」では、「どうして『白いぼうし』という題名なのか」という学習問題に向かって、「松井さんってどんな性格か」「おかっぱの女の子の正体は？」「松井さんはどうしてちょうがばけたと思ったのか」「『よかったね、よかったよ』はだれの言葉？」「どうして『白いぼうし』という題名なのか」という視点でのノート学習と話し合いを重ねていった。学習指導要領の指導事項を担保しながら、読者としての位置から、テクストを読むための構えや方法知を学んできた。

問題解決の過程でノート学習を組み込み、ノートを問題解決のための思考の場として使い、学習問題についての考えを個々がもったところで、全体で意見交流をするという流れで「読むこと」の単元に取り組んできた。

3、 手立て

学習指導要領の指導事項を担保しつつ、児童の実態を踏まえて、研究テーマに迫るためにどのような工夫を授業で行えばよいか。本実践では、次のような手立てを考えた。

(1)「『読むこと』における学習コミュニケーション」の活用

テクストの外から対象化して読もうとする読者と、物語内容に同化して読もうとする読者。両者が顕著に存在している本学級の特徴を踏まえて、その子がテクストにどのようにかかわっているのかを見とる窓として、「『読むこと』における学習コミュニケーション」の表[1]を活用する。この視点で児童がどのようにテクストにかかわっているのかを分析し、その子の学びを見出すようにする。

「読むこと」における学習コミュニケーション

対象	対話	内容
対自分	A　自分	個人的な感想から，自分自身への問いかけ，自分自身の学びのメタ認知まで．
対言葉（テクスト）	B　登場人物	登場人物の行為・心情の変化
	C　語り手	言葉や表現の特徴．どのように語られているか．読者に何が喚起されるか．
対事柄（これまでの学び，読書経験）	D　作者	テクストに内包されている作者の意図・書き手の視点
	E　他テクスト	これまで自分が読んだ他のテクストとの関連から浮かび上がるもの．
	F　作家	これまで読んできたテクストから作品へ．自分が読んできた履歴から帰納的に想定される世界観を踏まえた作家像へのつながり．
	G　イデオロギー	テクストの言説に内在（発生）されたイデオロギーの解体
対人	H　他者	教室内での意見交流によって知る他者の読み．自己の相対化

(2) 問いを立て、問いに迫る問題解決の過程を重視した授業展開

児童の初読感想の共有から学習問題を設定。学習問題を共有し、問題解決型の授業を展開していく。

(3) 問いに迫るための思考を表出する場としてのノート学習

これまでの読むことの学習を踏まえ、方法知を自らが選んで発揮する場

---

[1] 倉澤栄吉の指導の元で実践研究に取り組んできた東京都青年国語研究会では，学習者が展開する動的なかかわりを「学びのコミュニケーション」としてとらえ，それは「言葉とのかかわり」「人とのかかわり」「事柄とのかかわり」「自分自身とのかかわり」の４つの窓口で成立・進化すると定めている。その「学びのコミュニケーション」の視点に基づき，テクストを読む教室において，どのようなコミュニケーションが生成されているのか，稿者が整理したものがこの表である。

としてのノートを位置付ける。ノートは学習を記録する場ではなく、その子の思考の場となり、ノートをつくっていく活動そのものがその子にとってのびのデザインになる。

(4) 意図的なグルーピングによる他者との考えの交流

教室での「対話」の一つとして学習者同士の交流があげられる。自分がもっている考えについて根拠をもとに伝え合い、議論することによって、自己の考えが相対化され、更新されていく。更新された考えこそが、教室で「読むこと」の授業を行う価値であるともいえる。

しかし、位相が異なる立場での話し合いは、モノローグの応酬でしかない。学習者にとって有益な対話を生み出すためにも、児童のテクストへのかかわり方を視野に入れた意図的なグルーピングを行い、グループ協議を行う時間と、一斉型の協議を行う時間を話題によって意図的に分けて設定する。

4、 単元「『ごんぎつね』を読もう」について

(1) 単元のねらい

登場人物の視点に注意しながら、場面の様子や登場人物の心情の変化について考えることができる。

(2) 学習計画

時	主な学習活動	主な学習形態	指導事項
1	「ごんぎつね」を読み、初読の感想を書く。	個	
2	物語の大枠を掴む。登場人物・物語のストーリーの確認をする。	全体	構造と内容の把握
3	語句について確認をする。	全体	構造と内容の把握
4	学習問題をつくり、問題解決の見通しをもつ。	小グループ 全体	

5〜8	・ノート学習「ごんはどうして兵十におくりものを続けたのか」「ごんはどうしていたずらをするのか」「ごんはどうして後ろ姿を見ただけで兵十とわかったのか」から、ごんの人物像や変化、ごんと兵十の関係を考える。 ・ごんの人物像や変化、兵十との関係について考えたことを話し合う。	個 個 個 小グループ （位相）	精査・解釈 考えの形成 共有
9〜12	・ノート学習「なぜごんという名前を兵十は知っていたのか」「兵十が魚を取っている時、顔にはぎの葉がついているという表現は何を表しているのか」「なぜ兵十と加助は神様のしわざと決めつけたのか」から、兵十の人物像や兵十とごんの関係を考える。 ・兵十の人物像やごんの関係について考えたことを話し合う。	個 個 個 小グループ （位相）	精査・解釈 考えの形成 共有
13〜14	・ノート学習「最後にごんと兵十はわかりあえたのか」を考える。 ・最後にごんと兵十はわかりあえたのかを話し合う。	個 全体	考えの形成 精査・解釈 共有
15	・「ごんぎつね」における超能力者（語り手・作者）について話し合う。	全体	考えの形成 共有

上記は単元開始時に描いた学習計画である。実際の授業においては子どもの学習の様子を踏まえて、学習計画も再デザインを行った。

5、　授業の実際

本稿では、提案と手立てに即して、実際の授業ではどうだったのか抜粋して記すことにする。学習が進む中での授業者による意図的なリ・デザインについても触れることにする。

(1) ノートにおけるテクストとの対話

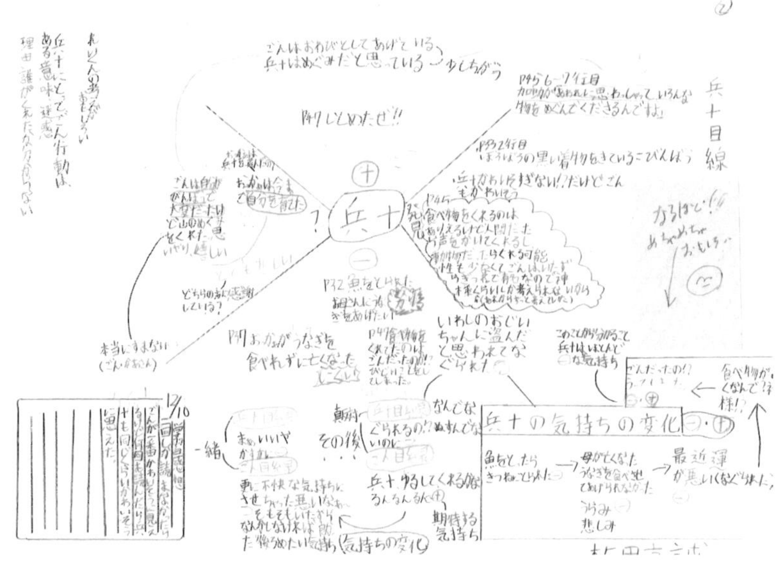

【RU児のノート】

これまでに獲得してきた方法知を駆使して、問題解決のための思考をノートに展開していく。この過程こそ、児童によるテクストとの対話そのものである。

第9時に作成したノートをテクストとの対話という観点で見てみると、RUはテクスト内の出来事を兵十の視点とごんの視点とに分けて捉えている。兵十に寄り添って、その心情に目を向けつつ、ごんに寄り添ってその内面を汲み取ってもいるのである。「読むこと」における学習コミュニケーション」の表から判断すればBの対話を行っている。ノートをつくる活動を通して、登場人物の心情を往還する行為を読者として展開しているのである。

その一方、FFがノートに展開している対話は対象が異なっている。

【FF児のノート】

「茂平ゾーン」として赤く囲っているように、FFは「ごんぎつね」の語り手である「わたし」は茂平から聞いた話を再話しているという物語の語りの構造に目を向けている。つまり学習コミュニケーションとしてはCの対話を行っている。ここで語られていることは茂平から「わたし」が聞いた話なのであり、「ごんぎつね」で語られている内容全ては茂平というフィルターを通して示されているということに自覚的になっている。FF曰く、「兵十がこの話を、伝説みたいに、語りついだんだと思う。それを聞いた茂平がわかりやすくするために、物語を兵十からごんと聞いたから、ごんぎつねとして「わたし」に伝えたんだと思う」と「ごんぎつね」という物語の成立に関する推論をノートに記しているのだが、そこに示されている内容のはまさしく語りの構造そのものの指摘である。FFは物語内容を考える際に、茂平という存在に着目し、語りの構造そのものに気が付いたということである。この視点に立った時、登場人物の心情についても茂平ひいては語り手のフィルターを通していることになり、心情の変化も茂平／語り手がそのように心情が変化しているがごとく語っているということに他ならなくなる。

先ほどのRUの視点とは考えている範疇が違っているということにある。ここにどちらが高度であるかという問題は存在しない。両者はテクストを読む際の対話の対象が異なっているということである。ノート学習によって、それぞれの学習者が、テクストをどう読んでいるのかということだけでなく、何と対話しているのかということも浮き彫りになった。

また、本単元の中で、兵十とごんの心情の変化を考えるノートを作成したいという考えが広がって、「メーター」という形で自分なりに工夫して表現している児童が多くいた。心情曲線の描き方を学ぶ良い機会であると判断し、一斉指導に時間をとった。指導したことは、縦軸は何を表しているのかということと、折れ曲がる点は本文のどこにあたるのかを記入することである。どちらも多くの「メーター」に欠けていることだったので、わかるようにしようと投げかけた。学習者の必要感が新たな方法知の獲得へとつながった。

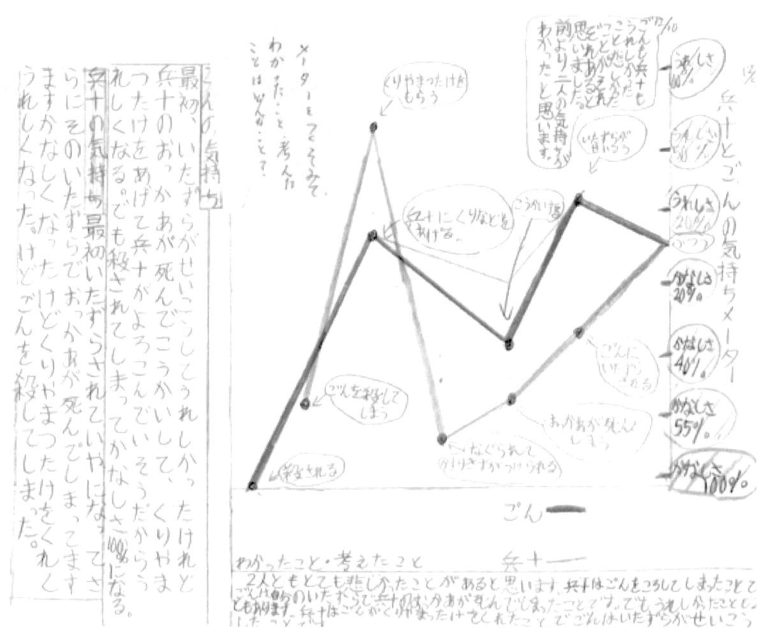

【心情曲線で兵十とごんの心情の変化に迫ったAM児のノート】

(2) 友達との対話に見る読みの深まり

個々の児童のノートを分析すると、本学級ではテクストに対して位相の異なる対話が展開されていた。「読むこと」の授業においては、それぞれの児童が考えている桁が異なっていることで、一見活発に見える話し合いが、実は全く噛み合っていないということが多々ある。それゆえ、学級全体で話し合いをする際、授業者は基本的に、学習者の発言がどの桁の内容なのかを瞬時に見極め、全体の話し合いの流れのどこに位置付くのかを分かりやすく学習者に示す役割を担うことになる。一般的には授業者が、学習者相互の発言を板書の中で関係づけてまとめることが多い。それによって異なる位相の話し合いがなされたとしても、何を話し合っているのかぶれることなく、学習者にとっての思考が整理されるのである。

しかしながら、今回は学習者の対話の機会をより多く保障することを意図して、意見交流は小グループによる話し合いとした。そのため、一斉指導の授業と異なり、授業者が全てのグループの話し合いをその場で整理するということは不可能である。そこで、学習者による話し合いがそれぞれの位相で読みを深めていけるように、小グループでの交流は、「『読むこと』における学習コミュニケーション」の表を基にして、対話の対象をある程度揃えたグループを以下のように意図的に組んで行うようにした。グループ内の学習者の考えの範疇、あるいは桁を揃えることでお互いの考えが上手く噛み合い整理されていくことを期待したのである。

グループ	対話の対象
A	登場人物／自分
B	登場人物
C	登場人物／自分
D	登場人物
E	登場人物／自分
F	登場人物
G	登場人物／語り手／作者
H	登場人物／語り手／作者／学習歴

【意見交流における意図的なグルーピング】

また、音声言語は消えてしまうので、学習者にとって自分たちが交流によってどのように読みが深まったのかをメタ的に捉えることはなかなか難しい。そこで、今回は小グループでの話し合いを模造紙に記録するようにした。次に挙げるのは「兵十の人物像」を考える第12時のG班の話し合いの記録（模造紙）である。

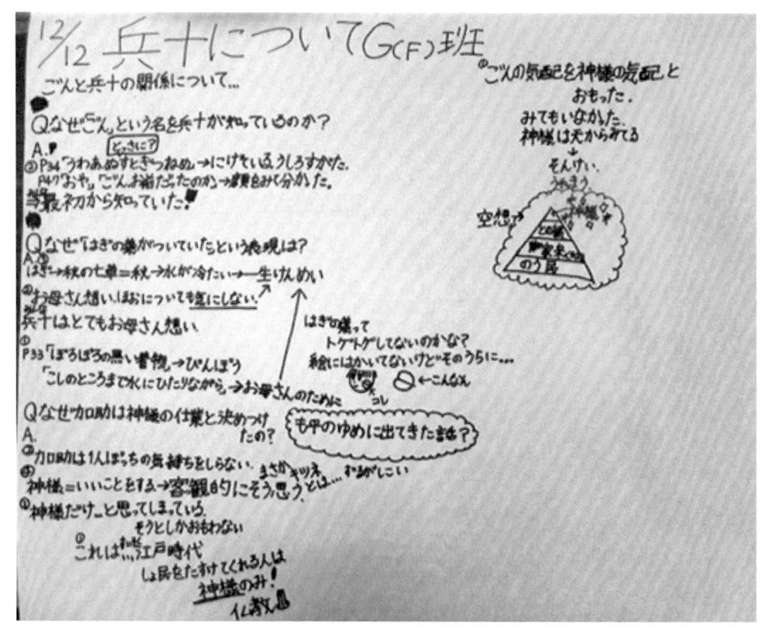

【G班の話し合いの記録】

G班では非常に活発な意見交流がなされていたのだが、特筆すべきは話し合いを通して考えたことが重なり合い、多層的に読みが深まっていったことと、そこから疑問が広がっていったことである。ノートを通して個々に考えてきた兵十の人物像についての意見交流を通して、さらに「はぎの葉がついていた」という表現に着目し、はぎは秋の植物であることから、兵十が使っていた水も冷たいことを想像している。「兵十はこしのところまで水にひた」っていたことや、頬にはぎがついていても気にしないことなど様々な姿が重なり合って、母親思いで一生懸命な兵十の人物像が厚みを帯びながら導き出されている。友達同士の対話はさらにはずみ、はぎの葉の形の議論へと進んでいく。仮にちくちくするような葉であったとしたら、それでも気にしない兵十の集中度は目を見張るものがあるわけで、そこに母親への思いの強さも重なるという論理である。実際にこの班の児童は、はぎの葉がどのような形が今調べていいかと授業中に聞きにきた。その場でi-padを使って調べてみると、比較的丸みを帯びた葉だったことが分かったわけだが、このようにテクストの言葉に丁寧に注目し、兵十の人物像に迫っていく児童の姿を見ることができた。またこの話し合いは、兵十の人物像にとどまらず、「ごんぎつね」の世界を読み深めていくことに繋がっていった。

以上のように、どの位相でテクストとの対話を行っているか自覚し、学習者自らが学びをデザインしていくことを成立させるためには、教師が学習者の思考をどのように掴むかが大きな鍵となる。言い換えれば、意味のある学びを学習者に担保するためには、教師による授業デザインならびに絶え間ないリ・デザインが不可欠である。実践を積み重ねていきたい。

【参考文献】

東京都青年国語研究会編「子供の言語生活に根ざした『ことば』の学習」東洋館出版社、2001

丹藤博文「『文学と出会う』ことをめぐって」、『月間国語教育研究』No514、日本国語教育学会、2015

田近洵一「創造の〈読み〉―読書行為をひらく文学の授業―」東洋館出版社、1996

千田洋幸「テクストと教育　『読むことの』の変革のために」溪水社、2009

本稿は、東京学芸大学附属世田谷小学校での実践報告を加筆修正したものである。

「語りと語り手」実践編

中学校における「語り手」の学習の重要性
――中学校1年　ヘルマン=ヘッセ「少年の日の思い出」――

扇田　浩水

1　中学校における「語り手」の概念習得の現状

「語り手」という学習用語は、現在中学校の教科書でも取り上げられており、読むことのスキルとしてその定着が目指されている。現状について久田義純[1]は以下のようにまとめている。

> 近年、国語科「読むこと」において、「語り」に注目することへの関心が高まりをみせている。学習指導要領では、2018年版高等学校学習指導要領「文学国語」において初めて「語り手」が記載された。
>
> > 語り手の視点や場面の設定の仕方、表現の特色について評価することを通して、内容を解釈すること。(文部科学省　2019：194)
>
> 義務教育段階については、学習指導要領上に「語り手」に関する文言はないものの、現在使用されている教科書では小・中学校共に取り扱いがある。本研究の対象である中学校についても全社(1)「語り」について扱っており、教科書として中学生が学ぶべき学習内容として位置づけられているといえる。(中略)中学校段階では学習指導要領上に「語り」の言及はないが、高等学校段階での「解釈」の応用から翻って考えると、まず「語り手」及び「語り手の視点」とは何か、理解しておくことが目指される。(1)教育出版、三省堂、東京書籍、光村

[1]　久田義純「中学校国語科授業における「語り」概念習得のための指導方法の開発―日記創作の活用と「ごんぎつね」の語りに着目した実践から―」(『国語科教育』2023・3)

図書の４社。

このように、久田は中学校における「語り手」の概念習得の必要性を指摘している。また、実践からの課題として、「「語り」を初めて学ぶ場合、学習者によってはどのように読みに活用すればよいのかという点で困難さが生じる場合があることが分かった。」と述べており、「「語りの視点」「語りの時間」「語りの位置」についても指導方法を実証的に検討していきたい。」というという展望をあげている。「語り手」に着目することでどのような効果があるのかということについて、村高聡子[2]は以下のように述べている。

> 語り手の語りを意識して読めるようになると、テキストから受け取る情報が増える。読書中、頭の中で描いている虚構の世界が、より詳細になり、語り手を意識しないままでは想像できなかったものが想像できてイメージが広がっていき、様相が一変する。指導しない手はないのである。

また、語り手の文言が高等学校の学習指導要領で初めて登場することについて、以下のように述べている。

> 生徒が中学校１学年でふれる「少年の日の思い出」で学習した語りの構造を生かそうとしたり、今後の読みに生かそうとする様子があることから、もっと早い発達段階で、継続的に、系統立てながら、様々なテキストにあたって語りに着目する読みの指導はあっていいはずである。

こういった実践や調査により中学校段階における「語り手」の概念習得

2　村高聡子「語りに着目した学習指導の効果―「鏡」（村上春樹）の場合―」（『広島大学附属中・高等学校中等教育研究紀要』2020・3）

の重要性はすでに提唱されており、どのように定着を図るか、という方法が日々模索されているのが現状といえるだろう。

2 「少年の日の思い出」と「語り手」の関係

本稿では、2018年に行った「少年の日の思い出」の授業実践を通して、「語り手」に着目した「読み方のスキル」の習得について検討していく。

「少年の日の思い出」で一番特徴的なのはその構造である。現在（冒頭）と、過去（回想）では語り手が異なり、「私」（主人）から「ぼく」（客）へと変化する。当時の教科書[3]では語り手について「読み方を学ぼう⑤」で以下のように説明している。

> 語っているのは誰？
> 語り手とは物語を語る人で、話者ともいいます。小説には必ず語り手がいますが、作者＝語り手ではありません。語り手は、作者が自分とは別に設定したものです。「少年の日の思い出」では、誰が物語を語っているでしょうか。

また、目標として設定されているのは、次の二つである。

> □場面展開や人物描写に着目して、登場人物の心情の変化を捉える。
> □作品の構成の工夫を読み取り、その効果について自分の考えをもつ。

この教材は1年生の後半に扱うことが多い教材であり、小説の「読み方」としてはそれまでに、場面と描写や、山場などの構成理解、などといったスキルを扱うのが定番であろう。それらに比べると難しい概念であり、特に二人の「語り手」が交代する構成を意識して読まざるをえないた

---

3 『現代の国語　1』（三省堂、2016）

め、語りと構成の両方を理解しなければならない。当然作品の構造が額縁構造であることも理解する必要がある。最近の先行研究や指導書では「語り手」と「構造」両方を意識した実践論の展開が目立つ。教材研究としてあげられるのは、構成の仕組みはどうか、なぜ回想の場面が現在に戻ってこなかったのか、なぜ「私」に客が語るのか、なぜ「私」はそもそも客について語るのか、という課題にどう向き合うかである。実際に「語り手」をどう意識させるか、構造の問題をどう考えさせるか、具体的にそれが可能となっているかを検討する必要がある。この教科書で回想が出てくる小説は、1年「少年の日の思い出」、2年「小さな手袋」、3年「握手」・「故郷」（両方とも再会が重要なテーマ）である。過去の出来事と、現在を絡み合わせながら語る構成の必然性を考えると、語り手が過去をどのように回想しているか、なぜ回想するのか、は語りの動機を探る上でも重要で面白いテーマとなり、中学校定番教材においても欠かせない問題であろう。ある過去を告白することでその場面が現在にどのような影響を及ぼしているかを考えさせるからである。それは部分と全体を関係づける力、または空白（過去と現在の乖離）の部分をどうつなげるかという作業を必要とするため、想像、読解力育成にふさわしい形といえよう。このとき必要な、または育成される国語の力には、構成を批判的にみる、語り手を意識するといったことも含まれるはずである。

3　教材の先行研究からみる課題

竹内常一[4]によると、「これまで多くの教師用書は、主人公の「ぼく」が他者とのかかわりのなかで自己認識、自己反省を深めてきたところにこの小説の教材価値があるとしてきた。」（教材内容面の理由）そしてその後「どうやら教材解釈は自己反省による自己断罪」から「自己告白による自己救済」へその力点を移動させつつあ」ったのだという。これは2001年初出

[4] 竹内常一「罪は許されないのか」（田中実、須貝千里編『文学の力×教材の力　中学校編1年』教育出版、2001）

の論文であるが、竹内の提示したエピローグ不要といった考えは先行研究史において大きな転換点となっている。

注目すべきは、竹内の論が、これまでの「不完全な額縁構造」という通説をくつがえしたことにある。「ぼく」の話を「私」が小説に仕上げたことに「私」の応答があり、つまりエピローグの欠如の意味をそこに読み込んでしまうというものである。それまでの実践の多くは語り手の変化に着目することよりも前半、後半、といった構成の理解にとどまっていた。その後現在は作品研究の実績とともに学習課題も「語り手」、「構造」という方にシフトしてきている。教育出版は平成27年度までの教科書の学習の手引きにおいて、語りの構造そのものを読み込んで、読みにつなげようとする課題を見出していた。このあたりは須貝千里の論[5]に詳しくまとめられている。

「ぼく」は成長した、あるいは癒されたという読みと、20年間成長していないという読みと、それぞれに時代の教材価値の認識の変化とともにその読解も当然変化している。あるいは構成と語りの問題解釈の違いによってその読みも違ってくる。今回はむしろ成長していないと捉えてみることでみえてくる批判の要素に重点を置き、僕を客観的にとらえる読みの議論をする。エピローグの欠如を、その文学的意味や効果を難しく問うのではなく、むしろ有効利用し、用意された空白として自分の読みを考えていきたい。聞き手の感想を伴わない「ぼく」の告白の行方は、読み手に委ねられたともいえる。聞き手が「私」であることは、読み手が感情移入しやすいという設定の効果、告白者が「ぼく」であるときは、「ぼく」を擁護してしまう効果、これらに自覚的になるとき（構成と語りに着目するとき）、学習者は巧みに演出されたどちらの「わたし」にもなることで教材を味わ

5　須貝千里「「語り手」という「学習用語の登場」―定番教材『少年の日の思い出』（ヘルマン・ヘッセ）にて―」（『日本文学』2012・8）。須貝はこの論において「どのような話か、それは直接分かりません。「ぼく」と「私」という二重のフィルターを通して、少年の日のことは語られているからです。これが『少年の日の思い出』における語り／語られる関係の基本原理です。」とし、「語り手」問題について、現行の学習の手引きの比較からその問題点と必要性を述べている。竹内と丹藤に対する批判も述べられている。また今後の課題として語り手問題の到達点は〈機能としての語り手〉のレベルの問題の「学習課題」化を問いかけていることになると締めくくっている。

い、しかし一人の「わたし」が両者にはなりえないという矛盾を抱えたことに気がつくことで、「ぼく」を批判的に読もうとすることができるのではないだろうか。たいていの一人称小説は「私」に読み手を感情移入させたまま終わるため、そのことに気づかず批判的な読みにつながらないこともあるが、二人の「わたし」の登場は、読み手を語り手と切り離し、その構造を意識させる役割を果たしてくれるのである。

4　教材観

本教材は新制中学校が発足した1947年から今日に至るまで、定番教材として扱われてきた。先行論をみてきたうえで疑問にあげられるのは、1年生が初めて語り手を把握し、語りの構造までも体得するといったややこしさを抱えながら、作品を豊かに読み深められるのか、ということである。

また、二者択一（たとえば収集と破壊、熱情と拒絶）に陥る「ぼく」の行為を批判的にとらえることで、共感と批判両方の俯瞰的な読みの視点を獲得できるという魅力のある教材だと考えた。読者が「ぼく」に同化しすぎると、たった一度の失敗も許せない、あるいは受け入れない（むしろまるでエーミールの）ような人間であることを無意識に正当化してしまうだろう。犯した罪は償えないという決まりきった教訓に自らを貶めてしまうのだ。チョウを見たくもない思い出に変えてしまい、それを一方的に他人に語るという行為は冷静に考えると随分自分勝手で幼稚ともいえる。しかし一人称の語り手に引きずられると、そんなかわいそうな「ぼく」に同情し、エーミールを悪者と決めつける読みから脱却できない。「私」の語りなおしでその傷を癒すという読みよりは、むしろ「私」になりすましながら「ぼく」の告白を聞くことでそのあり方を相対化し、批判するといった俯瞰の視点を獲得させたい。

果たして「私」は「ぼく」の告白をどのような思いで聞き、それをどのような思いで語りなおしたのだろうか。「私」の感想がないことを利用して、「ぼく」を批判的にとらえようというのが今回の授業の方向である。その場合にこの片額縁構造は有効であり、「私」は普遍的に読者の読みを投影できる「私」=「読み手」となりうるのである。「ぼく」がチョウを押しつぶしてしまった気持ちや理由を考えるよりも、押しつぶす行為に隠れている葛藤に目を向けさせたい。箱の中にしまい込んだはずの、消し去ったはずの過去、憎悪が再び友人の箱からあふれ出していくという構成が、実際の順序とは逆に投影されて浮かび上がるところからこの小説は始まっている。そのシーンを図式化してみることで、「私」の語りの中に浮かび上がった過去の出来事が照射され、「私」を通して語られた「ぼく」を捉えることになる。客の「ぼく」の顔が暗闇と同化した時、いよいよ語り手となって「ぼく」は視点人物へと変化する。このシーンは図式化することで「私」と「客」であったはずの前半が、「ぼく」という語り手の回想を包み込む構成になっていることに気が付く。小説の段落のように平面ではなく、立体的な場面として描かれている。

5　一人称という語り手を学習する

一人称の機能について安藤宏[6]の論を参考に整理すると、大きく以下の二つに分けられる。

①伝聞モード（他人のできごとを中心に読者に報告）
②告白モード（自分のできごとを中心に読者に報告）

安藤は「もちろん現実にはこの両方の要素が入り混じっているのが通例なのだが、とりあえずこの二つの極を想定し、どちらにより傾いているかという度合いを区別してみることによって、その小説の特性を明らかにしてみることができる」と指摘している。また、「異なる人物の一人称語りが一つの小説の中に同居することもある。」という。「少年の日の思い出」で考えると、まず「私」が「客」の様子を「伝聞モード」で語り、その

6　安藤宏『「私」をつくる　近代小説の試み』（岩波書店、2015）

後「客」が自身の過去を「告白モード」で語るという形になる。「「告白」と「伝聞」の性格を使い分けることによって、秘密自体の告白と、これを読者に効果的に伝えていく機能とが相乗作用を生んでいるわけである。」という指摘はまさにこの小説の特徴そのものであろう。

本人による罪の告白と、それを聞いた友人による出来事の断定が図られている。あくまでも聞いた話であるという枠の中にある以上は本人には触れることもできないため、その出来事自体についてそれ以上の情報も取得できない。また、あくまでも友人にきいてもらうという設定なので、突然本人が告白するという不自然さを回避することができる。チョウの収集箱を開けてしまったがために噴き出した思い出、という偶然性が用意されている。「語り手」を意識した読みができれば、この交代の効果を生徒自身が考えることも可能である。

以上をふまえて、前半後半どちらも一人称で語られているメリットをそれぞれに整理してみる。

1、前半「私」の一人称

友人である「客」がどんな人物であるかを客観的に読者に示すことができる。私たちはそこから現在の「ぼく」がどのような思いで過去を回想し始めるのかのヒントを得ることができる。

2、後半「ぼく」の一人称

「告白」を受けている「私」になり代わって「ぼく」の告白を直接的に聞くことができるという点がある。あたかも自分に語られているかのようにその罪の告白を聞く（読む）ことで、この小説が虚構でありながらもまるで事実を見ているかのような臨場感でもって耳を傾けることになる。ここが密室であるという語る場の設定も重要であろう。読み手は「私」（この場合聞き手）となり「客」と二人だけの空間に身をゆだねることになる。「ぼく」は語り手となることで回想でありながらリアルタイムで話が進行する形で語ることができる。これにより読み手（聞き手）は自分だけに語られる告白【声】とその展開をその場で聞いているかのようなスリリングな体験をすることになる。先ほど述べた「回想・告白モード」による一人称の効果を理解するのに役立つ。

例えば別の視点（人称）で小説を書き換えるという学習課題は、この臨場感、リアリティをむしろそぐ形で語りなおすことになる。チョウを押しつぶした「僕」自身が語るからこそ表せるものがある、ということに気がつく可能性はある。（一人称のリアリティの実感が期待できる。）「ぼく」にしか知り得ない情報の提示、読み手を当事者の価値観に引き込むことができる一人称の語りに気がつくことで、むしろその語りを批判的に捉え、「ぼく」にひきずられている自分に気がつく。この共感と離脱を中学校段階で獲得できれば、小説の読み方のスキルとして今後の読書にも役立つだろう。語り手や構造を学習用語として単に理解するのではなく、自分がどんな立場で無意識に読んでいたかということを捉えなおし、二人の語り手が同居する構造を認識することでより客観的に分析できるようになることがねらいである。

生徒は、過去の苦い盗みの経験を語るといった一人称の臨場感（「ぼく」の告白）を味わいながら読んでいるうちに、果たして現在彼はその経験をどんな風に捉えているのだろう、と想像を膨らませる。過去の“少年の日”にとどまるしかない語り手の心情を、自らの経験値と、大人になったとき…という想像力で補おうとする。

しかしこの作品には大人になった「ぼく」と、それとは対照的な「私」といった大人も存在する。大人になった「ぼく」は「私」の視線を通して語られる。逆に言えば、最初から「私」の語りの矛先はつねに「客」である「ぼく」であり、読み手は無意識ながらも大人になった「ぼく」がどんなで、何を感じているか客観的に知らされることになるわけである。そこに示されるのは「ぼく」自身には語り得ない、人の趣味を肯定できないわだかまりをもった大人の姿である。この時間の異なる“少年”と“大人”の「ぼく」の比較を通して、私たちは生き方（もしくは）人間の描かれ方）に対する様々な感想をもつことができる。

回想の小説で着目すべき点は、“過去との関係のもち方の多様さ”である。過去はなぜここで語られているかを考えると、語りは虚構であり、仕組まれたものであることに気が付く。「後悔、贖罪、言い訳、怒り、悲しみ」など様々な事情で小説の語り手が過去を回想していることに気がつくだろう。苦い経験をしたことがない生徒などおらず、また、それから逃れ楽になりたいと願わない生徒もいない。皆その忘れたいが忘れられないという矛盾した自分の過去とのつきあい方に大小ありながらも悩んでいる。しかし、この作品は過去にこだわる大人と、過去を楽しみとして思い出しはじめた二人の大人が存在する。誰が、なぜ、どんな風に誰を描いたのか分析するとき、自らの言葉でその答えを考えたとき、自分の経験と照らし合わせて共感したり疑問に思ったりする。チョウが大好きだった少年がチョウを見るのも辛いまま大人になってしまったという悲しさと、別の少年は子育てをきっかけにまたチョウ集めに没頭しているという皮肉な対比に生徒は何を感じるだろうか。何かを忘れたいと執拗に思うことでむしろ鮮明に覚えてしまう人間の心理を、小説という虚構を通して共感したり拒絶したりしながら読み味わえるよう展開を構想した。

6　学習指導の全体計画（全４時間扱い）

単元の目標

①場面の展開を語り手に着目して分けることで、構成の理解につなげる。

②構成を捉えることで、あらすじ理解よりも俯瞰的な視点で人物の特徴を分析できるようになる。

	主な学習内容	指導上の留意点
１時	①本文の通読。 ②登場人物の関係を整理する。 ③誰に、どんな感想をもったか分けて書いておく。	②→語り手が場面で異なることに注意させる。 ③→それぞれの人物像からみえてくることと、次回それらが意図的に仕組まれていることを理解するのに使う。
２時	①場面の展開整理と語り手交代について理解を深めるために、前半と後半を視覚化する。（A3に書く）	①細部の描写にこだわらず、誰が、誰に、何をする場面なのかを意識させる。

3時	①前時の前半と後半の構成の関係を図に書き込む。 ※「次のように語った」が交代場面 ②構成を理解した上で、前半と後半の関係を捉え直す。(語り手の交代という構成の特徴を用いて、二つの場面をどう対比させ意味づけるか話し合う。)	①具体的には、後半が前半の中に入り込んだ告白である、という構図を理解させる。 ②教科書の図を用いて再度語り手が交代する構成の理解を促す。単に理解することで終わらずに、そこから考えられる前半後半の関係性について意見を出し合わせる。 ・「現在」と「過去」という対比 →【時間】という構成の特徴 ・「私」と「ぼく」という対比 【聞くことと語ること】という特徴 場の設定の重要性、語り方への意識が必要となる。
4時	①話し合いの結果を交流して語り手への理解を深める。 ②盗んだ場面や前後の語られ方を分析する。 ③エーミールの視点を図を使って考える。	「私」【聞き手】と「ぼく」【語り手】という役割の違う二人の特徴を学習し構成から考えられることや人物の理解を深める。 ②一人称の「ぼく」であるからこそ語れる盗みの場面や罪の告白に着目する。 ③盗みの場面や告白は「ぼく」の語りを通してしか語られていないことに気がつけるようにする。

【3時指導案】

	主な学習内容と予想される生徒の反応	指導上の留意点
導入 5分	1. 今日の課題について理解する。 「前半と後半の関係をとらえよう」	・「私」と「ぼく」が語り手であることを確認する。
展開 10 分	①前時の前半と後半の構成の関係を図に書き込む。 ※「次のように語った」が交代場面	・どこで交代したのか、本文を使って図に書き込む。 ・後半が前半に入り込んだ告白であることが分かるように図に線を書き込む。 ・教科書の図を用いて再度語り手が交代する構成の理解を促す。単に理解することで終わらずに、次の展開で前半後半の関係について考えていく。

展開 20 分	②構成を理解した上で、前半と後半の関係を捉え直す。(語り手の交代という構成の特徴を用いて、二つの場面をどう対比させ意味づけるか話し合う。) 二つの場面（前半・後半）を対比的にとらえるとしたら、何が当てはまるか考え話し合う。 グループ活動（4人） 例　何で分かれるか？ ・「過去」と「現在」（時間） ・「思い出」と「今」（時間と内容） ・「○○な私」と「○○なぼく」 （人物像） ・「私」から「客」へ　（語り手） ・「語られる人（客）」から「語る人（ぼく）」へ（行為・立場）	これまでの学習を通して前半と後半の要素を特徴づける活動。 →それぞれの対比で何が現れるか？ ①単純に時間の流れとして捉える場合と、「消したい思い出」のような意味をもつ場合。 ②二人の人物のチョウに対する現在の心境の違いを見出した場合。二人はチョウを「楽しみごと」ととらえる人物と「もう、けっこう」と目をそむける人物として対照的であることに気づかせたい。 ③立場の違いが語ることの制限を生み出すことに気がつく場合。 ★語る人が盗みの張本人である →交代したことで生まれる告白の要素
展開 15 分	3. 話し合いの共有をしながらそれぞれに重要な指摘ができることを確認する。 構成とは、単に時間の流れだけで作られているのではなく、内容や語り手の人物設定の対比などで浮き彫りにされるように工夫されていることを理解する。	★両方「ぼく」の時間で比較している班 ・過去と現在の場合、浮き彫りになることを考える。 （例：好きから苦い思い出へ） ★二人の語り手の設定が対照的であると考える班 ・場の設定「聞く」から「語る」への変化に気がついた班があるとよい。 （二人の人物はチョウに対する気持ちが違うという指摘などでもよい） ☆盗みの場面の「告白」という性質を指摘して、「ぼく」本人が語る方が臨場感があることに気がつく班 →構成の分析から工夫を理解している。
次回 への 課題	4. 読み手が【聞く側】にも【語る側】にもなれる構成の効果を自分の言葉で考える。	共有から、学んだことを自分なりに考え、意識させる。

★構成に対する生徒の思考の順序イメージ（理解の深まり方）

話し合いの発展の仕方

	前半とは？	後半とは？
時間 ↓	現在	過去
内容 ↓	楽しみの話	傷ついた思い出
行為	聞く「私」 （現在の「ぼく」を客観的に語り、話を聞く人物）	語る「私」 （自らの過去を赤裸々に告白する人物）

7　実践の成果と課題

語り手交代という構成を整理したうえで生徒から出た対比内容

前半 ①「客」はチョウを丁寧に扱っている印象、冷静（大人の目線） ②全てセリフになる ③情景が多く書かれている ④実際に今起きていること、事実、実況
後半 ①「客」の主観が入っているのでその時の感情も語ることができる。前半の「私」にはできない。 ②チョウをつぶしてしまう、感情的 ③自己中心的な「ぼく」 ④喜怒哀楽が激しい（チョウの絶頂期）のが伝わる ⑤「客」として成長してからの感情は入っていない、当時の「ぼく」の感情 ⑥架空の思い出（「ぼく」から見た世界にすぎない） ⑦子どもなので感情だしやすい、心情語多々ある

今回、構成を視覚化するという形をとることで、時間の流れが捉えにくかった生徒もすっきりと理解しやすくなった。その点で活字の並びとは違う実際の時間を簡単な図に書き直すことでより語り手の交代に特化して構成をとらえなおすことができた。

そのあと前半と後半を対比して生徒が指摘した中で重要なのは、同じ一人称でも後半の方が感情的な表現が多いということである。先に述べた当事者のリアリティを確かにそこに感じ取ってくれたのではないだろうか。思い出の告白という回想形式でありながら過去に完全に戻ったような臨場感、それを構成と一人称とがうまく表現しているということになる。生徒もその語り手の交代の効果に気づき、これは前半の「私」にはできない、という指摘をした。

小説はだれが、どのような立場で語るのか、に着目することが重要であるという認識をもてたことは非常に有効であった。２年生の教材「小さな手袋」で父が娘の思い出を回想する小説を読むが、娘の視点で語られるよりも「父」の視点である方が語りに制約がうまれ、空白ができるため想像力をかき立てられる構成となっている。生徒はその空白を読み手として様々に想像して補っている。

今回で得られたことをもとに、他の教材でも語り手を意識した実践を継続的に行っている。例えば夏目漱石の「坊ちゃん」、太宰治の「善蔵を思ふ」という小説を中２、中３と発達段階に照らしながら読んでいった。一人称の語りには、他の登場人物にも分かる事柄と、本人にしか分からない内面の語りの両方が含まれているが、それを意識して読み深めると、「坊ちゃん」のような淡々とした語りの中にも、思わぬ告白が含まれており、それが語りの魅力になっていることに気が付く。また、太宰の一人称語りには「私」の身勝手な心の中の言葉に振り回される一方で、核心があまり語られないという空白が、むしろ読みを深める機能として働いていることを読んでいった。高校国語における文学の空所理解の礎となることを念頭に置き実践した。どんな語り手が、どのように語るのか、を常に意識して小説を読むことで、その面白さの言語化、自らの考えの形成につながると考えている。語り手の立ち位置や種類といったことまで思考、判断できる力を養っていくことが重要ではないだろうか。単に「語り手」という学習用語を理解するのではなく、「語り手」という概念を使ってどのように豊かに小説の読みを深めていくか、その実感を伴える授業実践を今後も展開していきたいと思う。

【参考文献】

千田洋幸「欲望と他者—「少年の日の思い出」への視点— 」(『学芸国語国文学』2004・3)

青山昌弘「少年の日の思い出」(中学1年) 教材論—エピローグの欠如と「父性」に注目して—(『愛知教育大学大学院国語教育研究』2010・3)

丹藤博文「語ること/語らぬこと—教材『少年の日の思い出』の読み—」(『国語国文学報』2011・3)

丹藤博文「『少年の日の思い出』再論—須貝千里氏の批判を受けて—」(『国語国文学報』2013・3)

望月理子「「少年の日の思い出」(ヘルマン・ヘッセ) の授業—構造を生かす指導をめざして—」(『都留文科大学研究紀要』2015・3)

幾田伸司「物語の語り手を批評するための国語科教材研究の一観点—「語りを疑う読み」をめぐって—」(『鳴門教育大学研究紀要』2015・3)

阿部藤子、森顕子、片山守道、澤本和子「小中接続を意識した中学校国語科カリキュラムデザインの研究—「枠物語」に着目した「少年の日の思い出」の単元構想—」(『国語教育研究』2015・3)

重永和馬「クリティカルシンキングの育成を目指す言語活動の実践—中学1年「少年の日の思い出」の授業を中心に—」(『国語教育研究』2015・3)

初谷和行「「少年の日の思い出」作品論に関する一考察—作品構造と語りを中心に—」(『武蔵野教育學論集』2017・8)

山本富美子「「私」の〈語り〉を読む試み—『少年の日の思い出』の授業より—」(『日本文学』2018・3)

「語りと語り手」実践編

「客」(「ぼく」) はどのように語られているのか
――大学3、4年　ヘルマン＝ヘッセ「少年の日の思い出」――

山田　夏樹

ヘルマン＝ヘッセ著、高橋健二訳「少年の日の思い出」は、文部省の『中等国語』(1947) に載録され、以降、中等教育国語の定番教材となっている[1]。初出はドイツの週刊誌「Jugend」(1911・6・6) 掲載の「Das Nachtpfauenauge」であり、ドイツの新聞「Würzburger General-Anzeiger」(1931・8・1) に改稿され「Jugendgedenken」の題で掲載された。後者の翻訳版が「少年の日の思い出」であり、ヘルマン・ヘッセ著、高橋健二訳『放浪と懐郷』(新潮社、1940) 中の一編として収録された[2]。

本稿では、大学での授業実践を通して、「少年の日の思い出」を現在読む意義を問い直す。具体的には、多くの受講者が中学時代に教室で読んでいる「少年の日の思い出」に改めて向き合い、当時の学習内容がどのような形で記憶に留まっているのかを確認し、語りに注目しながら精読することで、読み手が何を受け取れるのかを考察する。

1　川嶋正志「少年の日の思い出■ヘルマン・ヘッセ■――語りの理論にもとづいた解釈」は、「これほど長期間、定番教材として確固たる地位を築いた作品は他にないだろう。二〇二一（令和三）年度から使用される教科書でも、主要四社の教科書に載録されており、まさに不動の定番教材である」(石井正己編『国語教科書の定番教材を検討する！』三弥井書店、2021) としている。また「教科書採択の歴史」についても整理している。

2　佐藤文彦「ヘッセ「少年の日の思い出」(1931) 詩論――「クジャクヤママユ」(1911) との異動をめぐって」(『金沢大学歴史言語文化学系論集　言語・文学篇』2014・3)。現在、前者は「クジャクヤママユ」の題名で日本語訳されている。

1　授業初回——受講者の記憶

語り手「私」は、「友人」である「客」(「彼」)から、チョウにまつわる「思い出」について、「実際話すにも恥ずかしいことだが、ひとつ聞いてもらおう」と告げられる。そして、「私は葉巻を吸った。外では、カエルが遠くから甲高く、闇一面に鳴いていた。友人はその間に次のように語った」という記述の後、一人称「ぼく」による語りとなる。斎藤理生[3]は「大人になっている「彼」が先に登場し、後から少年時代を「ぼく」という一人称でふり返り、打ち明ける」構造に注目する必要性があるとし、次のように指摘する。

> 多くの学習者は、少年時代の「彼」とエーミールに注目し、二人のどちらかに共感したり、反発したりして読むであろう。しかし「少年の日の思い出」には「私」もいる。(略)「私」がどのように「彼」の話を受け取ったのかを想像してもらう。そうすることで、自分自身は「彼」の話をこのように受け取ったが、大人の男性である「私」はこのように聞いたであろう、と学習者は自らの読みから距離を取ることを求められる。

ここではまず、前提として「多くの学習者」が「ぼく」か「エーミール」の「どちらかに」「注目」するとされている。実際に授業で、本作の学習経験が有る場合、どのような点が印象に残っているかといったことを、リアクションペーパーを通じて確認したところ、「多くの」受講者が前半——便宜上「私」の一人称の箇所を前半、「ぼく」の一人称の箇所を後半とする——を覚えておらず、記憶は、後半の、特にエーミールに関する描写に集中していた。その場合、「私」の存在は後景に退き、「ぼく」の語りを「距離を取」って読んではいなかった可能性が高いことになる。もちろん、か

3　斎藤理生「初等・中等教育の国語科授業に活用し得る日本近代文学作品の読解の観点——定番教材を中心に」(『大阪大学教育学年報』2018・3)。

つて授業で学んだ内容と、再読した際の記憶が一致するとは限らない。ただし少なくとも、前半は「多くの学習者」にとって記憶に留まるものとなっていなかったようである。

リアクションペーパーの内訳を見ていく。勤務校の後期授業の初回（2022・10・4）では、当日の受講者52名が本作を通読し、リアクションペーパーを提出した。初読は5名（内3名は留学生）、読書経験の有無の明示がないものが6名、他41名が既習者であった（内1名は小学校の道徳）。その内、前半部をほとんど覚えていない受講者が多く、2名のみが記憶にあると述べている。

内1名は具体的であり、「冒頭の部分は挿し絵の影響か、情景描写の影響か分かりませんが、イメージ映像が脳内で作られていたため、少年時代の話よりも個人的には鮮明に記憶しており、最後、現在の時間軸にもどってこない方に、物語がぶつ切りになったような引っかかりがありました」と記している。冒頭の記憶のある受講者も含め、多くに印象的な存在としてあげられているのがエーミールであり、「そうか、そうか、つまりきみはそんなやつなんだな」という台詞である。「中学生の頃は他人事ではなく、エーミールの台詞が自分に向けられたように感じられた」、「クラスの中で爆発的にエーミールのセリフが流行」した、「今でも友人と「そうか、そうか、つまりきみはそんなやつなんだな。」と冗談を言い合う」といったものなど、16名が、特に印象的な箇所としてエーミールの台詞をあげている。

一方、再読の上でも、読みに関わる前半への言及は少なく、「語り手には視点が戻ることなく最後まで「悪役」の視点で終わっているところが面白いなと思いました」、「結末（略）を知ってから読み返すと、外の闇が彼の負い目や罪悪感を示しているように思えた」、「大人になった今でも恥じているということから、「ぼく」の良心の成長につながった」と捉えるものなど、10名に限られた。

以上を踏まえ、二回目（2022・10・11）、三回目（2022・10・18）では、前半、後半の構造を含めた語りの構造に注目して考察した。

なお本授業は、ゼミが始まる3年生から選択可能なものであり、卒論を視野に入れた、読解に特化した場となっている。

2　授業二回目——語り手としての「私」

千田洋幸[4]は、前半の「客」が、「幼年時代の記憶とチョウ収集とのむすびつきを語る「わたし」の言葉を受容すること」で「自己の過去を物語る動機」を得ていると捉え、後半の「ぼく」も、「「はやり」すなわち他人の動向に触発され」て「チョウ収集」を「出発」させているとした上で、ルネ・ジラールの「欲望の三角形」の構図[5]を援用している。本授業でも「欲望の三角形」の構図を示し、チョウをめぐる関係性が、後半のエーミールと「ぼく」だけでなく、前半の「私」と「客」にも見出せるとし、前半と後半の相同性を踏まえつつ、本作の構造を確認した。竹内常一[6]は、「わたしがかれの話を聞き取り、ひとつの物語に書いて」おり、「筋の通ったもの」、「主題」の「明確」化を試みているとする。その枠組みを、幾田伸司[7]は、「〈回想部〉は「僕＝客」が語った言葉を「私」が語り直した物語」、「〈回想部〉を含むテクスト全体が語り手「私」によって統括された物語」と言い換え、次のように整理する。

> 読者は「僕」「客」の言葉を元のままの形で知ることはできない。読者は、「私」という語り手を意識しないまま、「私」によって語られた物語の中に「僕」「客」の痕跡を見出しながら、それを読むことになるのである。／このように〈回想部〉の語り手も「私」であるととらえることで、「少年の日の思い出」は、（略）道徳的、教養主義的な意義づけにとどまらない、読みの可能性が示された。（略）。「僕」の物語を「私」が

4　千田洋幸『テクストと教育——読むことの変革のために』（溪水社、2009）。

5　ルネ・ジラール著、古田幸男訳『欲望の現象学——ロマンティークの虚偽とロマネスクの真実』（法政大学出版局、1971）。

6　竹内常一「罪は許されないのか」（田中実、須貝千里編『文学の力×教材の力　中学校編１年』教育出版、2001）。

7　幾田伸司「物語の語り手を批評するための国語科教材研究の一観点——「語りを疑う読み」をめぐって」（『鳴門教育大学研究紀要』2015・3）。

> どう受け止めたかを問うことで、(略) テクストは、他者の痛みを人はどう受け止めるのかという、社会的問題に開かれることになる。

実際に、前半の末尾に「彼の姿は、外の闇からほとんど見分けがつかなかった。私は葉巻を吸った。外では、カエルが遠くから甲高く、闇一面に鳴いていた。友人はその間に次のように語った」とあるように、「客」(「ぼく」) の語りは、「私」が「葉巻を吸」い、「カエル」が「闇一面に鳴いていた」「間」に為されたと語られている。つまり、前半の「私」が、「客」(「ぼく」) の話を既に聞いており、後半の内容を知る立場にあることが示されている。「客」(「ぼく」) の語りを聞いてからどの程度経過しているかは不明であるが、前半も回想であり、そうした「私」の語りの中に後半の「客」(「ぼく」) の語りが組み込まれている。

注目すべきは、チョウの「思い出」を語り終えた後の「客」(「ぼく」) と対峙する描写がなく、語る現在には回帰しない本作の構造であり、「「僕」の物語を「私」がどう受け止めたか」を考える上でも重要となる。そこから何が読み取れるのかを問いかけ、またその際、「私」が「客」(「ぼく」) を否定的に語っているように見える箇所があることも付け加えた。

以上のように二回目では、前半の「私」の存在に重きをおき、前半、後半を通した本作の構造を確認した。当日の受講者51名の内、リアクションペーパーの内容から、「〈回想部〉を含むテクスト全体が語り手「私」によって統括された物語」であることを理解したと判断できるのは29名であった (構造に「複雑」さ、難しさを感じたことを表明する3名を含む)。具体的には、「「私」は客の昔話にどう思ったのか全く書かれていない。しかし、「私」の語りの中にその答えがあるのではないだろうか」といったものや、「最後に、現在に戻ってくることなく蝶を粉々にした回想で (略) 終わること」を通して、「「客」を子供時代にとじこめるいじわるな語り手としての「私」が描かれているのでは？という考察」が示されたが、「そうすることによって救われない少年時代の「客」の姿をより印象づける構成」となり、そこに本作の「意味」を見出すものがあった。他に、「欲望の三角形」に関する記述が16名分 (内4名は、先述の29名の中に含まれる)

あった。これらを踏まえ三回目では、「私」が「客」(「ぼく」) をどのように描写しているかを読解した。

3　授業三回目①――「私」と「客」(「ぼく」) の対照性

まず、注目するのは「けっこう」という台詞である。次は、前半の、「私」の語りである。

> チョウをまた元の場所に刺し、箱の蓋を閉じて、「もう、けっこう。」と言った。／その思い出が不愉快ででもあるかのように、彼は口ばやにそう言った。(傍線引用者、以下同様)

次は、後半の、「私」によって再構成された「ぼく」の語りである。

> ぼくは自分のチョウの収集を全部やると言った。しかし彼は、「けっこうだよ。ぼくはきみの集めたやつはもう知っている。そのうえ、今日また、きみがチョウをどんなに取り扱っているか、ということを見ることができたさ。」と言った。

チョウをめぐる、「けっこう」という言葉の反復が、前半と後半で為されている。つまり、「ぼく」は「少年の日」にチョウを通してエーミールに突きつけられた「けっこう」という拒絶の言葉を、大人(「客」「彼」) になった際に、やはりチョウを通して、発してしまう人物として語られている。

もちろん語られている順序は逆であり、前半で「私」のチョウを「けっこう」と「不愉快」そうに拒絶する姿が、後半の、エーミールとのチョウをめぐるやり取りに起因するもののように描かれている。言い換えれば、「客」(「ぼく」) は、語られている現在も未だ「少年の日」に囚われている存在として位置付けられており、次の末尾の描写でも、その点は強調されている。

> 床にお入り、と言われた。（略）もう遅い時間だった。だが、その前にぼくは、そっと食堂に行って、大きなとび色の厚紙の箱を取ってき、それを寝台の上に載せ、闇の中で開いた。そしてチョウを一つ一つ取り出し、指でこなごなに押し潰してしまった。

加えて注目すべきは、「客」（「ぼく」）と語り手「私」の対照性である。「私」はチョウを通して、「自分の幼年時代」と、それを思い返す現在の自身の状況を次のように語る。

> 「子どもができてから、自分の幼年時代のいろいろの習慣や楽しみごとがまたよみがえってきたよ。それどころか、一年前から、ぼくはまた、チョウ集めをやっているよ。お目にかけようか。」と私が言った。／（略）ランプを取ってマッチを擦った。（略）／私のチョウは、明るいランプの光を受けて、箱の中から、きらびやかに光り輝いた。

「私」にとって「チョウ集め」は、今もなお「きらびやかに光り輝」く行為として捉えられている。自分の「子どもができてから」、その姿に自身を投影することで「楽しみ」を「よみがえ」らせ、改めて「チョウ収集」を行っており、失われた「幼年時代」を語ることへの屈託はない。チョウに象徴される「幼い日の思い出」は、いつでも自由に好きな時に取り出してランプで照らし出すことができるものとして「箱」にしまわれている――このことが、後に語られる「客」（「ぼく」）の姿を通して際立つものとなっていく。

「客」（「ぼく」）は、「チョウを見るくらい、幼年時代の思い出を強くそそられるものはない。ぼくは小さい少年の頃熱情的な収集家だった」と言うものの、「私」の「箱の蓋を閉じて、「もう、けっこう。」」と拒絶している。その上で、「収集していた」「思い出をけがしてしまった」ことを、「闇一面」の中で話していく。それはひとまずは、「子どもができてから、自分の幼年時代のいろいろの習慣や楽しみごとがまたよみがえってきたよ」という「私」の前半の台詞に対応するように、「今でも美しいチョウを見ると、おりおりあの熱情が身にしみて感じられる」と後半冒頭近くで述べられるのであり、「チョウ収集」も夏の「朝」、「昼」、「夕方」の陽の光の下で「緊張と歓喜」を伴いながら為されたとされていく。

ただし最終的に、「私」の「厚紙の箱」の中のチョウが「明るいランプの光を受けて」「きらびやかに光り輝」くのとは対照的に、「客」(「ぼく」) の「熱情」は、「厚紙の箱」のチョウが「闇の中」で「一つ一つ」「指でこなごなに押し潰」されることで封印される――そうした帰結を迎えるものとして語られる。また、「床にお入り、と言われ」るものの、「その前に」チョウを潰す姿は、「私の末の男の子が、おやすみを言った」姿――元々この様子を契機に「子どもや幼い日の思い出について話し合」っている――と、やはり対照的である。

このように「私」の語りは、前半、後半通して「私」と「客」(「ぼく」) を対比的に映すものとなっている。もちろん、「悪く思わないでくれたまえ」と述べた後、自身の「けっこう」という拒絶の態度の説明のように「客」(「ぼく」) は告白を始めている。そして、「今でも」、「少年の頃」といった言い回しからは、後半の文体が回想であることがわかる。釈明のように、過去を客観的に語り出す視点が示されるのであるが、結果的にチョウを潰す姿で唐突にそれが終えられることで、「客」(「ぼく」) が語る中で何に向き合おうとしているのかを窺うことができず、読み取れるのは、確認してきたような、「客」(「ぼく」) の、前半の行動と後半の行動が対応してしまっていること、言い換えれば、現在と過去のあり方が照応できるものになっているということのみなのである。つまり、過去を回想する形式であるものの、語ることで「客」(「ぼく」) にどのような変化が訪れているかがわからず、逆に、現在もチョウに向き合うことが出来ない要因のみが、「私」との対比を通して明らかにされていく。実際の「客」(「ぼく」) の告白がどのように為されたのかは不明である。「私」の語りに描かれるのは、比喩的に言えば、回想しながら過去に閉じ込められていく「客」(「ぼく」) の姿なのである。

次に、現在の「客」(「ぼく」) の要因のように描かれるエーミールについて確認する。

4　授業三回目②——「収集」への憧憬とは

「客」(「ぼく」) にとってエーミールは、具体的にどのような存在として映じているのか。

> 展翅し、乾いたときに、得意のあまり、せめて隣の子どもにだけは見せよう、という気になった。それは、中庭の向こうに住んでいる先生の息子だった。この少年は、非の打ちどころがないという悪徳をもっていた。それは子どもとしては二倍も気味悪い性質だった。彼の収集は小さく貧弱だったが、こぎれいなのと、手入れの正確な点で一つの宝石のようなものになっていた。彼はそのうえ、傷んだり壊れたりしたチョウの羽を、にかわで継ぎ合わすという、非常に難しい技術を心得ていた。とにかく、あらゆる点で、模範少年だった。そのため、ぼくは妬み、嘆賞しながら彼を憎んでいた。

名前は未だ示されていないが、初めてエーミールが言及される箇所である。他に「例の先生の息子は、小さいながら自分だけの部屋を持っていた。それがぼくにはどのくらい羨ましかったかわからない」とも語られる。注目すべきは、後半で、「客」(「ぼく」) にとってエーミールが、「非の打ちどころがない」、「正確」、「宝石」、「あらゆる点で、模範」、「世界のおきて」などと、秩序や完全性などの概念に関わる表現で語られることである。

この点を、「収集」などの行為への「熱情」を通して見ていきたい。大澤真幸[8]は「マニア」について「鉄道」を例に考察している。大澤は「鉄道が多くの人を惹き付けた理由」を、人びとが「市民社会や国民の一員であることを自覚し始めた」「近代」という時代に関連づけて言及しており、「そうした社会空間を実感するため」の「触知可能な物質的手がかり」として、「延びた先に、首都が、国民国家の領土が、さらには世界」が「想像」可能

8　大澤真幸『不可能性の時代』(岩波新書、2008)。

で、「ロマンチックな幻想をかきたて」る「鉄道」が機能したとする。つまり「鉄道」は「世界の中の部分的な要素」であるが、その「部分的な要素」、「ネットワーク」にこそ「広域的な社会空間」、「普遍的な世界の全体」が「写像」され「享受」される。これは「鉄道」に限らず、所謂「マニア」の熱中とも関わるものである。

> 常に、ごく些細な、極端にローカルで部分的な何かに、情熱を差し向ける。(略) その断片に、普遍的な世界が圧縮され、写像されているのである。／(略)／(略) 普遍性が、そのまったき反対物として現象することで、直接の欲望の対象となる (略)。

こうした指摘は、「小さく貧弱だったが、こぎれいなのと、手入れの正確な点で一つの宝石のようなものになっていた」と語られる、エーミールの「収集」にも関わるものと言える。つまり、数や量ではなく、閉じた箱庭的な世界であり、美しく並べられ整備されているが故に、「宝石」のような、欠けるところのない完結した世界が感じられている。そのことは、「他の者はガラスの蓋のある木箱や、緑色のガーゼを貼った飼育箱や、その他ぜいたくなものをもっていたので、自分の幼稚な設備を自慢することなんかできなかった」とあるように、「客」(「ぼく」) が、「収集」したチョウを「箱」で美しく管理する行為に魅力を感じていることからも読み取れる[9]。「圧縮」された「部分」(「箱」) に「熱情」が注がれる。また付け加えれば、次の「ミニチュアール」の概念に対する言及も、「収集」などによる、閉じた空間の持ち得る強度の高さを窺うことができる。

> 起源となる物体を模倣しながらも、その本体が属している現実世界から完全に遮断され、外部と内部の境界を厳密に維持している (略)。この隔離が前提となってこそ、(略) 現実とは別の秩序をもつミニ

9　この時、エーミールの「収集」が「箱」にあったとは明記されていないが (「二年たって」エーミールの部屋に忍び込んだ際には「収集をしまっている二つの大きな箱を手に取った」とある)、文脈上、「箱」で管理されていると推察できる。

チュアールの空間に遊び、我を忘れることができる。なるほどミニチュアールは起源となるものと比較すると、縮尺においてはるかに小さい。にもかかわらず（あるいは、それゆえに）それが体現する全体性の観念は強固であり、多くの場合、起源をはるかに凌駕している。[10]

また、エーミールの「小さいながら自分だけの部屋」も、「どのくらい羨ましかったかわからない」とあるように、「収集」と同様、自律的な空間として「客」（「ぼく」）に憧憬されていることが窺える。エーミールと、その「収集」などを通して、見てきたような「普遍的な世界の全体」、「全体性」を「欲望」しつつ、叶わずに、最後は自身の「箱」のチョウを潰す存在として描かれるのが「客」（「ぼく」）なのである。次に、そこから何が読み取れるのかを見る。

5　授業三回目③——本作の構造から見えてくるものとは

本作で強調されるのは、「私」とは対照的に、「客」（「ぼく」）が語られる現在も、未だに空になったままの「箱」を持ち、閉塞感を抱えているような姿である。エーミールへの謝罪の前後で、母とのやり取りが語られるものの、その教えや許しがどのような影響をもたらしたのかよりも、末尾で際立つのはチョウを潰す姿である。千田洋幸[11]は、自身の「収集」を「否定するエーミール」の言葉、「支配」を「そのまま模倣し反復する」形で、「客」（「ぼく」）が「みずから」「箱」のチョウに「無価値の烙印を押し、抹殺」しているとする。

示されるのは、「母は驚き悲しんだが、すでにこの告白が、どんな罰を忍ぶことより、ぼくにとって、つらいことだったということを感じたらしかった」、「母が根ほり葉ほり聞こうとしないで、ぼくにキスだけして、か

10　四方田犬彦『「かわいい」論』（ちくま新書、2006）。参考に三島由紀夫「金閣寺」（『新潮』1956・1〜10）で溝口が、金閣寺の内部にある金閣寺の模型に心を奪われ、想像を膨らます場面も紹介した。

11　4に同じ。

まわずにおいてくれたことをうれしく思った」とあるように、「告白」が、母には「許してもら」えるものの、エーミールには「許してもら」えず、語られる現在、チョウの「箱」に向き合えない人間になっている――そうした構図である。

言い換えれば、「私」が「子ども」を持つ親のために「幼年時代のいろいろの習慣や楽しみごとがまたよみがって」いることとは対比的に、母には許され庇護され、同時に「小さいながらも自分だけの部屋」を持ち、自律的な存在のように映じているエーミールには拒絶されたことを引きずったままの「子ども」の姿が描かれているのである。

また先述のように本作は、「けがしてしまった」「思い出」を「告白」することで、「客」(「ぼく」) が何に向き合い、どのような変化を迎えているのか、その内実を「私」が問い、言及する構造にはなっていない。

村上克尚[12]は「言葉が言葉として発せられる以上、どれほど自己を否定し、他者を拒絶する内容のものであっても、その言葉はなお他者を志向し、赦しを希求する祈りの力を含んでいる」と述べるが、「〈回想部〉を含むテクスト全体が語り手「私」によって統括された物語」である本作から読み取れるのは、「客」(「ぼく」) の「希求」を、「赦し」とは異なる形で「受け止める」「私」のあり方である。

本作を読む際、ひとまず後半に関心の多くが集中するのは、「私」の語りによって、「客」(「ぼく」) の「告白」が「モノローグ」のように展開されるためであり、確認したように、過去を回想しながら逆に、過去に閉じ込められていくようなものになっているためである。語りを意識することによって、多くの読者の関心が後半のエーミールに関わる箇所や末尾に集中してしまう要因が見えてくるのであり、本作の構造自体を窺うことができるのである。

「客」(「ぼく」) の「告白」が元々どのようなものであったかを知りようがなく、読み取れるのは、「他者」から聞いたという話を、確認してきたような形で示す「私」のあり方のみである。

---

[12] 村上克尚『動物の声、他者の声　日本戦後文学の倫理』(新曜社、2017)。

「客」(「ぼく」) が、エーミールへの「告白」を拒絶されることと、「次のように語った」と提示されつつ、囚われた人物として「私」に位置付けられることもまた、相同性を有するものとなっている。

つまり、「客」(「ぼく」) を現在も変われない人物のように語ることで、実際には、自らを「欲望の三角形」の構図で言えばエーミールの位置に置き、序列を構築してしまっている「私」のあり方が本作では描かれている。「少年の日の思い出」とは両者のものであるが[13]、そこに優劣があるかのように語っている「私」の姿も含め、他者との関係性の描き方について注目する必要性が問われていると言える。

リアクションペーパーにおいて、当日の受講者47名の内、「私」の語り手としての機能を踏まえていると思われる内容が22名分あった。幾つかをあげれば、「「ぼく (客)」と「私」が意識的に対照的に語られているのだとしたら、「『私』とはなんて幼稚な存在なんだ」と思ってしまいますが、そう思った瞬間に、私 (読者) も「私」と同じような存在になるように思いました。他者の回想を受けて自分と比較し、自分を高尚なものにしているという点だけで見れば私と「私」は同じだと思うからです。「ぼく (客)」は「エーミール」を、「私」は「ぼく (客)」を、読者は「私」を少しずつ下に見て、そうしなければ自分の立場が保てないような構造になっているのではないかと思いました」(回答1)、「主人は会話の中では「ぼく」、地の文では「私」と言う。主人が余裕ある人間に見えるのは、この一人称のゆれも影響しているように思われる」(回答2)、「ぼく (客)」に関わる記述が全て「私」によるものであることから、現代のSNS (「個人の都合のいいように発信された情報を「事実」として受けとめてしまうケース」) と重ねるもの (回答3)、「客は大人になるとエーミールのように妙に嫌味な落ちつき方になったのではないか。客は少年時代のままではないだろう」とし、後

---

[13] 前半の「私」の語りで「幼い日の思い出」、「私」の台詞で「幼年時代」、「客」(「ぼく」) の台詞で「幼年時代の思い出」、「小さい少年の頃」、「子どものとき」とあり、後半の「客」(「ぼく」) の語りで「少年の頃」、「幼い日」、「二年たって、ぼくたちは、もう大きな少年になっていた」などとある。「私」から「少年」という言葉が表記されることはないが、「思い出」をめぐる対比を通して、「私」と「客」(「ぼく」) 双方の「少年の日の思い出」が描かれていると言える。

半のエーミールと現在の「客」の描写に重なりを見出しつつ、「子ども」のままであるとは捉えないもの（回答4）などがあった。次に、「私」の語りに因ることが踏まえられているのかは不明であるものの、「客」（「ぼく」）が過去に囚われているとするのが——大人である「私」と、「子ども」である「客」（「ぼく」）の対比含め——9名分あった。また、前半、後半で繰り返される「けっこう」という言葉に触れるもの、例えば「現在のシーンの（略）振る舞いや、口調が、かなり大人びていたため、回想部分の「ぼく」とは、あまり結びつかないと、以前は感じていたが」、「自ら「見せて欲しい」と言って、取ってこさせた」上で「箱を閉じて「もうけっこう」というような」態度を取るなど「子ども時代の「ぼく」の行動や考えと重なる部分があ」ったとするもの（回答6）など、5名分あった。そして、収集などマニアの性質に関するものが4名分あり、「最後に現在に戻らないことからも少年の日は良い思い出であっても、悪い（苦い）思い出であっても特別なのだと私は言っているように感じた」と指摘するもの（回答7）など、その他が7名分あった。以上で全47名であり、延べ人数となるが母について論じる内容が10名分あった。

講義であり、こちらの誘導など至らない点も多々あったが、多くの受講者が前半部分も意識して読むことにはつながったと思われる。そこで何が得られるのかを、より明確にする必要性を感じたが——例えば、「私」が「客」（「ぼく」）を囚われた存在のように語ることにはどのような意図があるのか、といった内容の意見も2名分（延べ人数）あった——語りに注目することで、読者の考える契機となる機能を本作が秘めており、大学で改めて読む意義もまた窺えた。教育実習などで扱う可能性もあると思われるため、引き続き、本作も含め、教材をどのように読むのかということに向き合っていきたい。

ちなみに読解は、本稿が作成される中で整理された点もあり、授業と全く同じ内容とは言えないが、おおむね同様であることを付記する。

「語りと語り手」実践編

「語り手」を疑う読書行為の実践
——高校２年　太宰治「葉桜と魔笛」——

西山　一樹

1

太宰治「葉桜と魔笛」（『若草』1939・6）は、冒頭で「——と、その老夫人は物語る。——」と物語の聞き手によって語り手が紹介される。語り手として紹介された「ある老夫人」によって物語られる本作は、語り手を意識した読解をするには有効な作品といえる。

まずは導入として、小説のタイトルである「葉桜」と「魔笛」にはどのような意味を読み込むことができるか、という問を授業の出発点とし読解を始めた。

さらに導入として疑問点を整理した。

その中で初読の感想として多く見られたのが「M・T」が実在するのではないか、というものであった。つまり、「妹」が嘘をつくことで「姉」に「M・T」の存在を隠そうとしたというのである。たしかに、その可能性は十分考えられるし、そうだとするならば「妹」の「うそ」の理由は何だったのかという次の解釈ステップも生じる。

また、「M・T」からの「手紙」を「箪笥」の中にしまっておくというのは、「姉」に「手紙」の存在を知らせようとする意図があったのでは？という意見もあった。これなどは、この後の授業展開に大いに関係する指摘であった。

いずれにせよ、導入ではこの何が本当で何がうそなのか判別できない「語り」に注目し、本作の「語り手」を疑うことから作品の読解が始まった。

2

身体の弱い「妹」を不憫に思う「私」の懸命な姿は、母亡きあとの「家」を守る姉としての、そして「厳格な父」の求める「女」を生きる姿としてその語りの冒頭で示される。

> 私が結婚致しましたのは、松江に来てからのことで、二十四の秋でございますから、当時としてはずいぶん遅い結婚でございました。早くから母に死なれ、父は頑固一徹の学者気質で、世俗のことには、とんと、うとく、私がいなくなれば、一家の切りまわしが、まるで駄目になることが、わかっていましたので、私も、それまでにいくらも話があったのでございますが、家を捨ててまで、よそへお嫁に行く気が起らなかったのでございます。せめて、妹さえ丈夫でございましたならば、私も、少し気楽だったのですけれども、妹は、私に似ないで、たいへん美しく、髪も長く、とてもよくできる、可愛い子でございましたが、からだが弱く、その城下まちへ赴任して、二年目の春、私二十、妹十八で、妹は、死にました。(傍線引用者、以下同様)

すでに論じられているように、ここから「家」に抑圧された「女」の姿を見て取ることは可能であろう。また自身の婚期の遅れの原因を「妹」に見いだすような語りは大平剛[1]が指摘する通り、「私」の「家」に対する批判として捉えられよう。しかし、ここで注目したいのは、そのような「私」の語りに示される「三十五年前」の「妹」や「家」をめぐる出来事が、「三十五年」後の今、「忘れません」と「私」に決意させるようなものであったという点にある。

> 妹は、何も知らず、割に元気で、終日寝床に寝たきりなのでございますが、それでも、陽気に歌をうたったり、冗談言ったり、私に甘えた

1　大平剛「「葉桜と魔笛」論」(『帯広大谷短期大学紀要』2007・3)。

り、これがもう三、四十日経つと、死んでゆくのだ、はっきり、それにきまっているのだ、と思うと、胸が一ぱいになり、総身を縫針で突き刺されるように苦しく、私は、気が狂うようになってしまいます。三月、四月、五月、そうです。五月のなかば、私は、あの日を忘れません。

この直後に語られるのは「日本海大海戦」の日、すなわち五月二七日である。これを「五月のなかば」と言ってしまうのは強引であろう。

また「妹」の死にまつわる語りのあとに「私は、あの日を忘れません」と述べられるため、その決意は「妹」の死に対してなされたものと一見感ぜられるが、しかし「妹」の死は「日本海大海戦」の日（五月二七日）に「私」が「M・T」を真似て書いた「手紙」を朗読し、「軍艦マアチの口笛」を聴いたその日の「三日後」、すなわち五月三〇日のことである。これも「五月のなかば」とするのはいささか強引であろう。では「五月のなかば」が「日本海大海戦」の日や「妹」の死の日でなければ、「私」が示す「五月のなかば」とはいつのことなのか。「私」が語った「三十五年前」の出来事のうち「五月のなかば」に辛うじて当たるといえそうなのは、「日本海大海戦」の日（五月二七日）の「五、六日まえ」のこと、すなわち五月二一、二日ということになる。

この日「私」は「妹の箪笥をそっと整理して」「緑のリボンできつちり結ばれて在る」、「M・T」からの「手紙」を発見する。そこには「妹たちの恋愛」が「心だけのものではなかった」ことが示されており、そのことにショックを受けた「私」は「三十通ほどの手紙」を「一通のこらず焼」いてしまう。そのような「私」の行為は「厳格な父」に対する恐れや、その「父」によって教育され、「私」が内面化した同時代的倫理観によるものである。「恋愛」が「醜くすすんでいた」不埒な「妹」への嫌悪と、「M・T」に捨てられた不憫な「妹」への同情とが混在し、「妹」の苦悩を我が物として「苦しんで」いる「私」のありようは母代わりの姉の姿を顕在させる。

これは、私さえ黙って一生ひとに語らなければ、妹は、きれいな少女のままで死んでゆける。誰も、ごぞんじ無いのだ、と私は苦しさを胸一つにおさめて、けれども、その事実を知ってしまってからは、なおのこと妹が可哀そうで、いろいろ奇怪な空想も浮んで、私自身、胸がうずくような、甘酸っぱい、それは、いやな切ない思いで、あのような苦しみは、年ごろの女のひとでなければ、わからない、生地獄でございます。まるで、私が自身で、そんな憂き目に逢ったかのように、私は、ひとりで苦しんでおりました。あのころは、私自身も、ほんとに、少し、おかしかったのでございます。

さらにここには「私」の規範的な生き方が「M・T」の「手紙」を読んだことによって揺れ動く身振りも示されている。「まるで、私が自身で、そんな憂き目に逢ったかのように」と「心だけのものではな」い「恋愛」をした「妹」に同化するような「私」の態度は、「年ごろの女」としての欲望と、「厳格な父」と「からだの弱」い「妹」を支える「私」の規範的な生き方を指向する「私」との狭間での「苦しみ」を示してもいるのだ。「胸がうずくような、甘酸っぱい」「苦しみ」をもたらす「M・T」からの「手紙」は「私」のこれまでの生き方を相対化していくのである。〈規範〉と〈欲望〉との狭間で揺れ動いた「三十五年前」の「あの日」を「忘れません」と決意しているのは、「私」自身が「妹」の「手紙」から規範からの逸脱を意識した日であるからに他ならない。

以上のことを確認したうえで、「なぜ「老夫人」は「あの日」(＝規範からの逸脱を意識した日)を忘れないと決意するのか？」という問を設定し、この問に解答することを本授業の目標とした。

3

「M・T」の筆跡を真似た「手紙」に示される「私」の「嘘」のない「言葉」へのこだわりは、「M・T」に「捨て」られた「妹」への慮りを示しながらも同時に「心だけのものではない」「恋」をしていた「妹」の「嘘」(隠し事)への批判としても読み取れる。それは先述の大平が指摘しているように

「M・Tの筆跡を真似た」「手紙」の末尾に据えられた「歌」に明確に示される。

待ち待ちて　ことし咲きけり　桃の花　白と聞きつつ　花は紅なり

「白」だと思っていたものが「紅」であったこと、すなわち「きれいな少女のままで死んでゆける」と信じていたのが、実のところは「醜くすすんでいた」ことへの批判である。このような「私」が指向する規範から逸脱した「妹」に向けて送られるのが「言葉」への「信仰」である。「言葉」への「信仰」を「姉」は「M・T」の筆跡を真似た手紙で強調するが、はたして「姉」が「信仰」する「言葉」の内実とはどのようなものであろうか。今回の授業では、同時代の「言葉」とはどのようなものであったかを確認することで、理解を促した。具体的には、プロパガンダ的な言説を上げることで、規範的な生き方に「妹」を回収しようとする「姉」の意思を読み取った。

朝日新聞
東京

日本民族悠久の發展へ
人口政策要綱案成る
近く閣議に付議決定

「日本民族悠久の発展へ人口政策要綱案成る近く閣議に付議決定」
（『朝日新聞』1941・1・16）

一家庭に平均五児を
一億目指し大和民族の進軍

「一家庭に平均五児を一億目指し大和民族の進軍」
(『朝日新聞』1941・2・23)

当然、ここからは国家的言説に回収しようとする「姉」の姿を読み取ることができるのだが、「言葉」=国家的規範と規定したとき、さらなる視点が生まれる。それは国家的言説に抗う「妹」の存在である。

> ただ言葉で、その言葉には、みじんも嘘が無いのでありますが、ただ言葉で、あなたへの愛の証明をするよりほかには、何ひとつできぬ僕自身の無力が、いやになったのです。(中略)僕たち、さびしく無力なのだから、他になんにもできないのだから、せめて言葉だけでも、誠実こめてお贈りするのが、まことの、謙譲の美しい生きかたである、と僕はいまでは信じています。

規範から逸脱した「妹」に「言葉」への「信仰」を促しその生き方を是正する「私」は、「言葉」に規範的な生き方を仮託している。もちろんそれは欲望と規範との狭間で苦悩しながら選び取られた生き方であるが、結局のところ「私」は姉として内面化された「厳格な父」に象徴される「家」が求める生き方を「妹」に強要しているのである。

しかし、そのような「私」の規範に導くかのような「手紙」の意味性は「妹」の告白によって解消される。

> 「姉さん、あの緑のリボンで結んであった手紙を見たのでしょう？あれは、ウソ。あたし、あんまり淋しいから、おととしの秋から、ひとりであんな手紙書いて、あたしに宛てて投函していたの。姉さん、ばかにしないでね。青春というものは、ずいぶん大事なものなのよ。あたし、病気になってから、それが、はっきりわかって来たの。ひとりで、自分あての手紙なんか書いてるなんて、汚い。あさましい。ばかだ。あたしは、ほんとうに男のかたと、大胆に遊べば、よかった。あたしのからだを、しっかり抱いてもらいたかった。姉さん、あたしは今までいちども、恋人どころか、よその男のかたと話してみたこともなかった。姉さんだって、そうなのね。姉さん、あたしたち間違っていた。お悧巧すぎた。ああ、死ぬなんて、いやだ。あたしの手が、指先が、髪が、可哀そう。死ぬなんて、いやだ。いやだ。」

この「妹」の告白は、「私」が書いた「手紙」の言葉の全てを無意味なものにする。「妹」の生き方を是正しようとした「私」の「言葉」への「信仰」を促す言葉は、「M・T」の「手紙」が虚偽であり、「私」の手紙はそもそもお門違いなものであったことが明かされるからである。さらにこの告白には、規範を逸脱した新たな生き方に対する共有への欲求が示されている。それは、「M・T」からの「手紙」を本当のものとして読み、「妹」に同化し「苦しん」だ「私」に対する同情と、あたかも姉の同化行為を反復するかのように「妹」が同化しなおす身振りである。すなわち、「私」が〈規範〉と〈欲望〉の狭間で苦悩したことを、「妹」は自らの問題として語り、その語りは規範に対する明らかな抵抗として「あたしは、ほんとうに男のかたと、大胆に遊べば、よかった。あたしのからだを、しっかり抱いてもらいたかった」と語られるのである。そして、そのような後悔を「姉さんだって、そうなのね。姉さん、あたしたち間違っていた。お悧巧すぎた」と姉と共有しようとする「妹」のありようは、「私」が抱える苦悩を和らげるものとなっているはずである。そうであるからこそ「私」は「かなしいやら、こわいやら、うれしいやら、はずかしいやら、胸が一ぱいになり、わからなくなってしま」うと〈規範〉と〈欲望〉の狭間で苦悩するのである。それまで煩悶しながらも規範を選び取っていた「私」であるが、ここにいたって自らの苦悩が「わからなくな」るのである。

このような解釈は先に上げた大平の解釈に接続させる手立てとしても有効であった。

それを踏まえたうえで、このような「姉」の態度を無効化する「軍艦マアチ」の意味するところを考えた。

4

> そのとき、ああ、聞えるのです。低く幽かに、でも、たしかに、軍艦マアチの口笛でございます。妹も、耳をすましました。ああ、時計を見ると六時なのです。私たち、言い知れぬ恐怖に、強く強く抱き合ったまま、身じろぎもせず、そのお庭の葉桜の奥から聞えて来る不思議なマアチに耳をすまして居りました。
>
> 神さまは、在る。きっと、いる。私は、それを信じました。

ここには「言葉」を発する口が「言葉」ではなく、空気の振動によって姉妹を「信仰」にまで導くようなありようが示される。「口笛」が悪(「魔笛」)というのではなく、その音が「軍艦マアチ」であることで、その「扇動」イメージが「誠実こめてお送りする」べき「言葉」として姉妹を「規範」に回収していくのである。規範と規範からの逸脱との狭間で苦悩することになってしまった「私」であるが、しかし、結局のところそのような苦悩は簡単に解消されるのである。「軍艦マアチ」の「口笛」によって、言葉の虚が実となり、言葉=国家への信仰という規範に姉妹は回収されていくこととなる。なぜなら、「私」が「手紙」で示した「言葉」への「信仰」は規範的な生き方への志向であり、それは国家的規範として機能し続ける家父長制のありよう、すなわち国体そのものであるはずだからである。とすれば、本作に漂う通奏低音としての「大砲の音」や「軍艦マアチ」の音は、読み手に戦争に突き進む日本の象徴として意識させるはずのものである。

ではそのように規範に回収される「私」のありようは「老夫人」となった今でも抑圧され続けているのか。「老夫人」である「私」は語りの最後に「物欲」について言及している。

　いまは、——年とって、もろもろの物慾が出て来て、お恥かしゅうございます。信仰とやらも少し薄らいでまいったのでございましょうか、あの口笛も、ひょっとしたら、父の仕業ではなかったろうかと、なんだかそんな疑いを持つこともございます。学校のおつとめからお帰りになって、隣りのお部屋で、私たちの話を立聞きして、ふびんに思い、厳酷の父としては一世一代の狂言したのではなかろうか、と思うことも、ございますが、まさか、そんなこともないでしょうね。父が在世中なれば、問いただすこともできるのですが、父がなくなって、もう、かれこれ十五年にもなりますものね。いや、やっぱり神さまのお恵みでございましょう。

　私は、そう信じて安心しておりたいのでございますけれども、どうも、年とって来ると、物慾が起り、信仰も薄らいでまいって、いけないと存じます。

これは作品最終部であるが。先に確認した「国家的規範」に対する「信仰」が「物欲」によって「薄らいで」くると語られる。これは、「妹」と「M・T」の「手紙」を読み、国家のありようを相対化し、かつての自らの逸脱と規範の狭間で揺れ動く有りようを再現するものである。そして虚としての「言葉」を実に変えた「口笛」=「軍艦マアチ」への不信はすなわち、国家的言説への不信の表明にほかならない。よって本授業では、「老夫人」が「あの日」(=規範からの逸脱を意識した日)を忘れないとするのは、国民を戦時下体制へと扇動する国家への批判としてまとめた。

語り手を顕在化させ、その語りを疑うことで導き出される解釈とは、語りの恣意性を捉えることだといえるのではないか。同時にその行為は教室で生み出される自身の解釈の恣意性を意識させ、そうではなかったかもしれない可能性に気づかせてくれる。語られた物語がどのような意図を持つものなのかを理解するために、語り手を意識し、その語りを疑ってみることは、小説を教室で読むとき大きな意味を持つと思われる。

【参考文献】

根本啓二「『葉桜と魔笛』を読む」(『国語　教育と研究』2008・3)

近藤史織「語られない背景・老夫人と語り手による戦略—『葉桜と魔笛』から」(『研究ノート』2018・2)

「語りと語り手」実践編

誰が「美しい夕焼け」を見られるのか
――大学1〜3年　吉野弘「夕焼け」――

山田　夏樹

吉野弘「夕焼け」(『種子』1958・3号。初刊は吉野弘『幻・方法』飯塚書店、1959) は、現在『新　文学国語』(三省堂、2023) に載っている。

一方で、教材としての作品にそぐわないとされている時期もある。

> この作品は、昭和50 (1975) 年から平成7 (1995) 年まで、主に光村図書の中学校国語科教科書に教材として採用され続けたが、その単元名を追っていくと、当初は文学作品の鑑賞のための教材であったものが、次第に「人生」を考えるための教材へと変化していったことが読み取れる。この間、昭和52 (1977) 年、平成元 (1989) 年の二度にわたって学習指導要領の改訂があり、国語科に求められる内容は、次第に「理解」より「表現」へ、文字言語から音声言語へ、文学を味わう活動から自己を表現する能力へと、重点を移していった。教材の扱われ方はこの変化を如実に反映し、次の平成10 (1998) 年の改訂を前に，ついに教材としても退場の時を迎えることとなった。[1]

本稿では、高校教材の作品として改めて読まれている「夕焼け」の、語り手の「僕」のあり方に注目することで、現在的な意義について検証する。

---

[1] 平野晶子「読み取りを深める国語科指導の試み――1作家の2作品を併読する・吉野弘「夕焼け」を教材として」(『学苑』2011・1)。

1　「夕焼け」の読まれ方――道徳、〈私〉語り

まず、吉野弘「夕焼け」の全文を引用する。

いつものことだが
電車は満員だった。
そして
いつものことだが
若者と娘が腰をおろし
としよりが立っていた。
うつむいていた娘が立って
としよりに席をゆずった。
そそくさととしよりが坐った。
礼も言わずにとしよりは次の駅で降りた。
娘は坐った。
別のとしよりが娘の前に
横あいから押されてきた。
娘はうつむいた。
しかし
又立って
席を
そのとしよりにゆずった。
としよりは次の駅で礼を言って降りた。
娘は坐った。
二度あることは　と言う通り
別のとしよりが娘の前に
押し出された。
可哀想に
娘はうつむいて
そして今度は席を立たなかった。

次の駅も
次の駅も
下唇をキュッと噛んで
身体をこわばらせて——。
僕は電車を降りた。
固くなってうつむいて
娘はどこまで行ったろう。
やさしい心の持主は
いつでもどこでも
われにあらず受難者となる。
何故って
やさしい心の持主は
他人のつらさを自分のつらさのように
感じるから。
やさしい心に責められながら
娘はどこまでゆけるだろう。
下唇を噛んで
つらい気持ちで
美しい夕焼けも見ないで。

本作に対しては、道徳的枠組みで捉えることの問題性や、「娘」の弱さ、傍観する「僕」の弱さなどが指摘され、批判の対象ともなってきた。

しかし「娘」の様子は、あくまでも「僕」に語られたものに過ぎない。語り手としての「僕」に注目する宮川健郎[2]は「電車を降りてしまった〈僕〉の想像であって、実際にはどうかわからない。（略）「夕焼け」には、語り手の力がすみずみまで生きわたっていて、登場人物のことは、むしろ読みにくい。この詩を読むことは、娘を〈やさしい心の持ち主〉とした語り手の

2　宮川健郎「「語り手」の概念の導入」（『ことばの学び』2004・6）。宮川は『物語もっと深読み教室』（岩波ジュニア新書、2013）でも「夕焼け」に言及している。

見方や考え方を読むことにほかならない」とし、次のように述べる。

> 「夕焼け」には、語り手の力が生きわたっていて、登場人物を読みにくいにもかかわらず、娘の気もちを読もうとする授業が数多く行われてきた。それは、どうしてか。(略)「語り手」の概念は、国語科の授業にまだ十分に引きこまれていないからではないのか。もっと言えば、(略)「読むこと」が、いまだに何が描かれているか(内容や主題)を読むことだと考えられていて、どのように書かれているか(表現や構造)を読むことに目が向いていないからではないか。

二〇〇四年の指摘であるが、大学の授業で本作を紹介すると、自分であれば席を譲れるか否か、といった感想が出てくることが多く、道徳的枠組みも含めて〈私〉語り(「自分の物語」[3])につながることもあり、語り手の存在にはすぐに想いが至らない現状が依然としてあると言える。

授業では、宮川の指摘を踏まえ、「内容や主題」ではなく、「語り手」「表現や構造」に向き合うことで「夕焼け」を読解する意義を探った。

2 「夕焼け」読解①——前半/後半の区分

本作は、「身体をこわばらせて——。」までを前半、「僕は電車を降りた。」以降を後半とする捉え方[4]が為されてきた。「僕は電車を降りた。」以前に、「僕」という主語は出てこない。そのため、三人称の語りが、唐突に一人称の語りに切り替わったかのような印象を与えるものともなっている。もしくは、「僕」の表記以前は、一人称か三人称かの判断がつかない構造になっている。少なくとも、「前半」と「後半」に区分されてきたように、「僕」が表記される前後で変化が起こっているように捉えられてきた。

---

3 宇野常寛『2020年代の想像力』(ハヤカワ新書、2023)。現在の「自分の物語」の意味については、扇田浩水・山田夏樹「国語教育における文学理論の意義」(本書)参照。

4 髙木まさき「吉野弘「夕焼け」論——「娘」と「僕」の二つの立場」(『人文科教育研究』1995・8)。

授業では、単に「娘」や「僕」の姿勢の良し悪しを検討するのではなく、こうした語りの構造に丁寧に向き合い、その上で「娘」や「僕」がどのように描かれているのかを分析する必要があるとした。

また、念のため、一人称、三人称の語り手の性質を解説した。そして、三人称の語り手にも人格があり、言わば登場人物の一人であることを示した。

3 「夕焼け」読解②──「僕」の問題性

傍観者のような態度を批判するだけでは「僕」の問題性は見えてこない。議論は、車内で席を譲れるか否かといった抽象的な一般論に閉じてしまう。

そうではなく、車内の様子を三人称的に示しながら、後になってそれが「僕」の主観に過ぎないことを明かす、本作の転倒した構造に注目する必要がある。つまり、後で明らかにされることであるが、その場にいながらにして、その身はそこに存在しないかのように──自分については一切語らずに──他人事のように眺める態度を貫いていたのが「僕」である。

「僕」への批判が生まれるのは、饒舌に自身の想いを語る後半のあり方と、前半で事態に関わろうとしない姿勢の、差異が大きいためと思われる。

もちろん前半でも、客観的事実のような出来事のみが示されているわけではない。たとえ三人称的な語りであっても、先述のように主観は存在するのであり、実際には次のように、印象、感想らしきものが語られている。

そそくさととしよりが坐った。
礼も言わずにとしよりは次の駅で降りた。（傍線引用者。以下同様）

二度あることは　と言う通り
別のとしよりが娘の前に
押し出された。
可哀想に
娘はうつむいて
そして今度は席を立たなかった。

つまり実態としては、隠しきれない自意識が前半で既に表出してもいる。

しかし、それが顕在化するのは「電車を降りた」ことをきっかけとしている。そこで初めて「僕」という一人称が語られ、主体が示される。

言い換えれば、そこで初めて実体が明かされ、以降、想いがあふれ出す。

固くなってうつむいて
娘はどこまで行ったろう。
やさしい心の持主は
いつでもどこでも
われにあらず受難者となる。
何故って
やさしい心の持主は
他人のつらさを自分のつらさのように
感じるから。
やさしい心に責められながら
娘はどこまでゆけるだろう。
下唇を噛んで
つらい気持ちで
美しい夕焼けも見ないで。

「何故って」以降の自問自答などからは、「僕」の自己完結したあり方が窺える。「僕」と名乗り正体を明かし、あれこれ主張し始めるのは、現場（車内）から離れ、一切関わりを持たない立場となってからなのである。

4 「夕焼け」読解③——「娘」から読み取れる「僕」

「娘」の内面は、本作の構造上、窺うことはできない。わかるのは、「娘」を「僕」がどのような存在として見ているのか、ということのみである。

注目すべきは、「僕」が「娘」を、「うつむいていた娘が立って」「娘はうつむいた。」「可哀想に／娘はうつむいて」「下唇をキュッと噛んで／身体をこわばらせて――。」「固くなってうつむいて」「下唇を噛んで／つらい気持ちで／美しい夕焼けも見ないで。」と語っていることである。

そこでは「娘」が、「席をゆず」るか、「うつむいて」「固くな」るか、という枠組みのみで語られている。つまり、「席をゆず」り外部と接触するか、「身体をこわばらせて」「うつむいて」「固くなって」内部に閉じるか――「美しい夕焼けも見ない」――といった二分法で捉えられている。

言い換えれば「僕」は、「娘」の状況や取るべき道を二択に押し込めている。こうした捉え方は、車内か車外かで姿勢の変わる「僕」のあり方と対応するものとなっており、より適切に述べれば、「僕」自身のそうした性質とともに語られる中で、「娘」にもそれが当てはめられている。

「僕」は、車外で一人になり、人々と直接の関わりを持たなくなった時に、積極的に様々な想いを表現する。一方、車内で人々の近くにいる時には、当事者としての立場が希薄であり、状況と自身の間に見えない壁があるかのように語っている。つまり、透明な膜、フィルター越しの物語の世界のように現実が見つめられている――そのような語りとなっている。

先にも引用した次の箇所などにも、出来事を物語的に捉える姿勢があらわれている。

<u>二度あることは　と言う通り</u>
別のとしよりが娘の前に
押し出された。

そして「僕」は、一人になった後、より「娘」の内面を推し量り、言葉を溢れさせていく。しかし、その熱っぽさと反比例するように、その場から「降りた」ことで、実際の車内の現実との距離は開き、大きくなっていく。

礼も言わずにとしよりは次の駅で<u>降りた</u>。

としよりは次の駅で礼を言って<u>降りた</u>。

僕は電車を降りた。

以上の三箇所の連なり見られるように、「僕」は無自覚であるが、他の「としより」と同様に「娘」の現実の世界から「降り」ている。そして外部との接触が無くなり、自己の内部に閉じる中で想いが馳せられていく。

そうした自身のあり方が、無自覚に「娘」に投影されている。外部との接触が出来ず、「固くなってうつむ」き、確保した自身の「席」、居場所において内部に閉じる中で、様々な想い――「他人のつらさを自分のつらさのように感じる」「やさしい心に責められながら」「つらい気持ち」――を巡らせているに違いない、という見立てが「僕」に為されるのである。

5 「夕焼け」読解④――語りの構造

整理すると「僕」は、車内に実際にいてその場に主体的に関わっているにも拘わらず、事態を三人称の語り手のように示し、車外に出て関わりを持たなくなった時に、はじめて「僕」という一人称の主語を表出しながら道理を説き出す。そして一人称でありながら、「娘」の気持ちを全て見通しているかのように、言うなれば、三人称の語り手が物語世界の外側（車外）から作中人物の内側（車内）を説明するかのように語るのであり、「可哀想」などの印象、感想にも窺えた自意識が、車外に出ることで更に顕在化し、俯瞰的に語る「僕」という主体として、より露わになっていく。

本作は、前半が一見三人称的で、後半で一人称であることが判明するような、語りの形式自体を前景化した構造となっている。そのことによって、事態と直接関わろうとせずに、距離を取ることで高見に立つ、一人称でありながら三人称的な主体であろうとする「僕」の姿勢が浮彫にされている。

ただし次に見るように、こうしたあり方は「僕」だけの問題ではなく、読み手にも関わる問題であることを、題名の意味と共に授業では考察した。

6　まとめ――題名「夕焼け」の意味

やさしい心に責められながら
娘はどこまでゆけるだろう。
下唇を噛んで
つらい気持ちで
美しい夕焼けも見ないで。

目の前の現実に直接関わらずに、距離を取り空想に浸る者だけが「美しい夕焼け」を見ることができてしまう。それは、「娘」を眺め、「やさしい心」を見出す行為と同様に為されていく、という皮肉な構図を本作は描き出しており、それは題名「夕焼け」からも読み取ることができる。

つまり、語り手に注目することで、具体的には、自己完結する「僕」の姿勢を通すことで、単に「席をゆず」るか否かの道徳的な問題だけではなく、どのように出来事（「夕焼け」）を見て、それを語るのか――自身にとって都合の良い「美しい夕焼け」を見てしまってはいないかということを読み手に問い掛ける、現在的な批評性を本作には見出せるのである。

なお読解は、何年かに亘る受講生との対話とともに作られていったものである。

「語りと語り手」実践編へのコメント

大澤　千恵子

理論編の考察を踏まえ、それぞれの実践にコメントしたい。本章では、小・中・高・大すべてにおいて実践がなされているが、学習指導要領の、「語り」や「語り手」をどう捉えるかに焦点を当てて見ていく。

西川実践において扱われている「ごんぎつね」は、4年生の定番教材であるが、注目したいのは、第9時～第12時における学習問題「なぜ兵十はごんの名前を知っていたのか」に対して、児童（FF）が「語り手」の存在に着目して問題を解決しようとしていることである。「なぜ～なのか」という問いの立て方は、文学教育ではしばしば用いられる一般的なものである。小学4年生であっても子どもたちはそうした問いを、文学を読む際には立て、何らかの正解を導き出そうとする経験を積んできていることがわかる。しかし、バジーレの見えない「語り手」と同じように、「ごんぎつね」の見えない「語り手」も、伝承の物語をさらに伝える媒介者としての役割を果たしているといえる。したがって、「茂平」に着目して自分なりの問題解決をしている姿が小学生の段階でも見られたことは意義深い。G班とH班にみられる、「語り手」や作者への視点は、西川が挙げている前年度の実践からの学習で身についたとも考えられ、「読むこと」の系統的な学びとして蓄積されており、中等教育への発展が期待できる。

今回の実践では、単元の後半での児童の学びであったが、単元の最初から「語り」に着目し、この観点を敷衍して物語全体を読んでいくことができれば、他の学習問題の立て方それ自体が大きく変容する可能性がある。そうすることで、多重化された物語の特性として、近代以降の写実的な小説とは異なり、物語の人物像や心情をそこまで複雑にはできない点にも目を向けられるだろう。とはいえ、「ごんぎつね」も小説と昔話の間の、書かれた物語であり、いわさききょうこの「かさこじぞう」と同じように詳細に書かれている点を深く読むことも可能である。G班に見られたような「はぎ」(萩)の語に着目して、季節感に基づく状況や登場人物の思いを想像する姿は読解を深めているといえる。

扇田実践と山田実践はともに、中学校の定番教材であるヘルマン＝ヘッセの短編小説「少年の日の思い出」を扱い、中学一年生の「読むこと」の学びと大学教育での再読の可能性について「語り手」の観点から実践考察を行っており、本章の独自性を特徴づけるものとなっている。両実践を照らし合わせながら、関連付けてみていこう。

扇田実践は、中学校一年生での「少年の日の思い出」における「語り手」の交代に目を向けた学習である。この教材は、山田実践でも指摘があるように、戦後すぐに教材化されて今日まで残っている定番中の定番である。中学校で数多くの教育実践がなされており、その蓄積も厚い。扇田が、「それぞれに時代の教材価値の認識の変化とともにその読解も当然変化している」と述べているように、内容面を中心に道徳的な価値も含みこみながら、様々に読まれてきたのであるが、構造に着目した読みが近年の傾向である。山田実践をみるとわかるように、既読の経験がありながらも、殆どの学生が「私」の語りの部分の記憶がないことから、中学生当時、「ぼく」と「エーミール」の過去のやり取りを中心に読解が進められてきたことが推察される。昔話とは異なる近代小説として読んでいく必要があることは言うまでもないが、「語り手」に着目した読みは、これからのこの物語の印象を大きく変えていく可能性を持つものである。

昔話の「語り」が幻想性に結びつくのに対して、近代小説の一人称は、近代的自我に基づく、私個人の内面と深く結びついている。したがって、そこに対話がない場合、「語り」の持つ幻想性よりもむしろ、それこそが事実あるいは真実として否定できないリアリティを持たせる形で機能する。同作の物語構造において、「語り手」が交代することは、生徒自身がそうした近代小説の語りを無意識に受容していることに気づく契機となるだろう。

扇田の成果報告にも表れているように、生徒たちが一人称の小説の「語り」を客観的に見て、誰がどのように語っているのか、という認識が持てたことは、「語り手」に着目したからこそ構築された学びであるといえる。そのことにより、小説を読んでいる自分自身の視点にも目を向ける可能性も拓かれる。しかし、扇田が指摘するように、中学校一年という中等教育最初期の段階で、（一人称の）「語り手」の存在を認識して物語構造を把握し、そのうえで深い読解に進むには十分に練られた単元計画と時間が必要となると考えられる。

山田実践では、「私」の「語り」の場面への着目がなされたことで、物語全体を見通した感想が多く見られた。大学生は、主人が会話の中では「ぼく」、地の文では「私」と言うことに大人としての余裕を見出したり、大人になった客と回想部分の「ぼく」との違いや逆に子どもっぽさを見出していたりしている。そうした読みの深まりは、近代小説としてのヘッセの筆致やプロットの巧みさを味わうことに繋がるだろう。このことは、ウンベルト・エーコのいう、文学における「透徹した展望の瞬間」、すなわち、「モデル作者・語り手・読者という三者から成る物語の三位一体が一堂に会した物語の「顕現（エピファニー）」の瞬間」[1]を教室においてみることなり得る。

尚、語りそのものとは直接関係ないが、たとえば「ごんぎつね」がある程度の日本文化やその精神性の理解が必要であると同じように、キリスト教文化圏の、特にプロテスタンティズムにおける罪や救済の概念を理解することで、単に道徳的なものとは異なる心性に気づくことができよう。

最後に、高等学校の教材という観点から、西山実践と山田実践をまとめたい。西山実践は、太宰治「葉桜と魔笛」における「語り」のもたらす恣意性に着目したものであり、山田実践は、吉野弘「夕焼け」における「語り手」の視点を通して、詩の内容を読み深めようとしているものである。

理論編でも述べたように、現行の学習指導要領においては、「語り手」は、「文学国語」や「言語文化」、あるいは人称を意識した創作としての「国語表現」などの学習につなげることが求められている。いずれも近代文学であるので、今・ここを離れたり、伝聞であったりすることを示す昔

1　ウンベルト・エーコ、和田忠彦訳『小説の森散策』岩波書店、2013年、53頁。

話の「語り」とは異なるものの、近代小説であっても語りが内包する虚構性に留意する必要がある。つまり、書かれた文学であるにもかかわらず、耳で聞く「語り」の言葉としての特質や伝承であることの特性を持ち得るということだ。

また、山田実践は、「語り手」のものの見方や考え方との繋がりが読みを深めるものであり、中学校でも「語り手の言葉，登場人物の言動，情景の描き方など様々な形で表れている」[2]ことへの意識につなげられるであろう。高等学校では、「言語文化」における「書き手や語り手などの優れた認識や感性などを内容の解釈を深めることにつなげる」[3]学習としても可能である。

両者の実践は、「文学国語」における「詩歌や物語や小説などを語る者（語り手）の視点」[4]を意識した学習であり、語られていることとして相対化し、常にフラットなものの見方や考え方を持つ力を育成していくことになろう。言語教育としての国語科教育の中で、生徒たちの反応を積み重ね、さらなる分析を期待したい。

---

[2] 「C　読むこと」オ 自分の考えの形成に関する指導事項。

[3] イ　作品や文章に表れているものの見方、感じ方、考え方を捉え、内容を解釈すること。

[4] 「B　読むこと」 イ　語り手の視点や場面の設定の仕方、表現の特色について評価することを通して、内容を解釈すること。

第3章
歴史と社会

「歴史と社会」理論編

文学教材の「歴史と社会」をどうとらえるか
——魯迅「故郷」を例として——

千田　洋幸

1

文学が歴史的文脈と不可分であり、また特定の社会における創造物であること、またその事実を顕在化させるための方法論がつねに必要とされることは、いまさら念を押すまでもない自明のことがらである。たとえば最新の理論書のひとつである『批評理論を学ぶ人のために』[1]の「歴史と社会」の項目を一瞥すれば、そこに「マルクス主義批評」「文化唯物論／新歴史主義」「ソシオクリティック」「カルチュラル・スタディーズ」「システム理論」「ポストコロニアル批評／トランスナショナリズム」といった理論が並ぶ。これに、同書の別項に収められている「フェミニズム批評」「ジェンダー批評」を加えれば、文学を「歴史と社会」の観点から読む／学ぶための解釈コードがほぼ網羅されるといっていいだろう。

これらの理論の意義については、編者である小倉によってつぎのように わかりやすく説明されている。

> 第Ⅲ部「歴史と社会」に含まれる批評理論は、文学における歴史や社会の表象を問いかける、あるいは作家がどのような社会的、文化的背景のなかで執筆し、それが作品にどのように波及しているかを問いかける、という点で共通している。 文学に時代や国境を超える普遍的な側面があるのは否定できないにしても、作品は一定の時代と社会

1　小倉孝誠『批評理論を学ぶ人のために』(世界思想社、2023)。

> 状況のなかで生産されるものであり、したがって歴史性や社会性を帯びる。その歴史性、社会性を、ときにはそれまで気づかれなかったようなかたちで露呈させようとする一連の批評理論が存在する。誤解を避けるために述べておくならば、それは文学が社会を映し出すという素朴な「反映論」とは異なる。これらの批評理論は作品の深部に、時代状況の背後に、作家自身も意識していなかった秘められたイデオロギーを読み取ろうとする。

作品が歴史と社会の磁場に捕らえられていることを前提とし、「その歴史性、社会性を、ときにはそれまで気づかれなかったようなかたちで露呈させ」ること。こうした方法による考察が、文学研究、文化研究、あるいは国語教材研究の領域において、すでにさまざまな成果をあげていることも周知の通りである。

一方で、そうした方法を授業に直接導入しようとするとさまざまな障壁が立ちはだかることも事実である。ただ現実の問題についてはひとまず措き、文学の授業に歴史性・社会性の観点を持ち込む教師の構えについて、基本に立ち返って考えてみたい。文学教材が表象する歴史と社会に対して教師がどのようなスタンスで臨むか、という基盤の部分が脆弱であっては、そもそも授業の手法以前の問題だからだ。まずは、歴史・社会の問題と明瞭に関わろうとしている実践をひとつのサンプルとして掲げ、検討の対象にしてみようと思う。

2

取りあげるのは、麻生信子「「故郷」（魯迅作）の授業」（文芸教育研究協議会編『文学の授業　中学校３年』1980.6 明治図書）[2] である。「故郷」がすべての中学校国語教科書の共通教材となったのが1972年であるから、この教材の扱いがさまざまな方向から試みられつつあった時期の実践といっ

---

[2] 初出は文芸教育研究協議会編『文芸読本 12』（明治図書、1977）

ていいだろう。

授業の展開は、「たしかめよみ」「まとめよみ」といういわゆる文芸研方式を採用しながらも、いたってオーソドックスである。「故郷」の5場面の要点（冒頭で語られる故郷のイメージ、少年時代の「私」と閏土の交流、楊おばさんの人物像、中国社会を生きるなかで変貌してしまった閏土の姿……）を詳細に読解し、その過程で生徒たちの有効な発言を積極的に取り込むことによって授業のダイナミズムを生み出してゆく、多くの教師が日常的に行っている形態といえる。

ところが授業は、ある一人の生徒の発言によって、主人公＝語り手に内在する優越意識と差別意識をきびしく問い直す方向にむかっていった。すこし長くなるが、その部分を引用する。

授業はだいたい私の意図通りに進んでいたが、一人の生徒の発言で、私の教材研究では思いもしない方向に発展していった。それは、閏土を取りまく中国の社会の状況が、〈子だくさん、凶作、重い税金、兵隊、匪賊、役人、地主〉とともに、〈私〉や〈私〉の母によっても作られているという発言である。

授業を記録し、その流れを考察したい。

（中略）

利治　〈私〉は閏土が〈丹那さま……〉と言ったとき口がきけないほど驚いていますが、僕が思うに、〈私〉や〈私〉のお母さん（母でしょ、と注意する）いや母のやることの中にも、閏土をいじけさせるものがあるっちゃないですか（あるんじゃないですか）。

（ここで鐘が鳴った。次の時間にもちこして考えを深めていったのは次の通りである。）

T　きのう、利治君が言いたかったことを話して下さい。

利治　（きのうの発言をくり返す）

T　どういうところが閏土をいじけさせるんですか。

利治　〈母は、持っていかぬ品物はみんなくれてやろう、好きなように選ばせよう、と私に言った〉とあるところなんですが、〈くれてやろう〉という言い方の中には、上の者が下の者にくれてやるという感じがして、気に入りません。何か下に見られている感じがします。

吉博　他にもあります。〈それに昼飯もまだというので、自分で台所へ行って、飯をいためて食べるようにすすめた〉とあるんですが、何か久しぶりに遠くから来た人とか同じような対等の人にすることじゃなくて目下の雇い人に対する態度だと思います。

T　なるほどねえ。

吉博　普通なら、作ってやるんじゃないですか。

T　うん、男だからね。女ならね、親しさの余りということもあるけど、男に〈飯をいためて食べるように〉と言うのは、たしかに雇い人に対する態度ですね。

千佳子　それに〈母は閏土に席をすすめた。かれはしばらくためらったあと、ようやく腰をおろした〉とあるところからも、もう中国では身分の上下が当たり前になっていて、〈私〉の母も閏土もそれを受け入れる、ひたっているという感じがします。

　それに、閏土が〈私〉たちが選ばせた品物の中に香炉と燭台ひと組があることから、もう閏土も社会に反抗する気力も体力もないことを示していて、当時の中国の人々が、どんなに社会にあきらめて、神だのみに生きているかがよくわかります。

一弘　久しぶりの再会なのに、〈とりとめのない話ばかりだった〉ということで、暗い環境の中にいるんだなあと思いました。

T　〈私〉や母の姿の中にも、中国という状況を作っているものがあるというわけね。これは、私自身ぜんぜん気づかない読み取りでした。

「くれてやろう」という言葉に着目し、そこに「閏土をいじけさせる」権力性のあらわれを感知した生徒の読みは、他の生徒にも伝播し、閏土に卑屈な（あるいは、卑屈にならざるをえない）態度を強制しているのは中国の社会状況のみではなく、主人―使用人という階層意識を無自覚に内面化した主人公と母親の言動でもある、という読解が学級のなかで形づくられてゆく。主人公は中国社会を批判的に眺めているようではあるが、じつは「私」と母親こそその中国社会の抑圧の体現者である、という脱構築的な読み方への接近が示される。一人の生徒の読解を導きの糸として、語りの言葉を正当化する規範的な読みとは異なった、文学教材に潜在するイデオロギーを露呈させる読みの可能性が見いだされた議論といえるだろう。(ちなみにこの場面での主役は利治という生徒であるが、「彼の祖父は、昔、日本という異郷につれてこられた。彼はそのまま三代目として日本を故郷とすることになった」と、在日外国人三世の子どもであることが筆者によって紹介されている。多くの情報は示されていないので勝手な推測は控えなければならないが、民族間の差異・差別に触れる周囲の日本人の言動を彼が日常的に受感しているであろうことは十分に考えられる。)

同時に、「思いもしない方向」から提示された生徒の発言に対する授業者の対応のしかたにも注意しておく必要がある。「上の者が下の者にくれてやるという感じがして、気に入りません」という発言の後、これに同調する発言が続いてゆくが、授業者はそれを抑制することなく「たしかに雇い人に対する態度ですね」と助言し、また「私自身ぜんぜん気づかない読み取りでした」という評価を与えて生徒たちの思考を授業の文脈に組み込んでいる。じつは場面3の読解の段階で、「〈こんなコンパスのような姿勢は、見ようにも見られなかった〉とありますが、〈こんな〉というところに何か〈私〉が楊おばさんをひどいものにとらえているのがわかります」(一弘)「あとの方では、〈コンパスのほうでは〉とか、〈コンパスは〉とか言っています。……〈私〉が楊おばさんを蔑んでいるのがよくわかります」(千佳子) と、楊おばさんについての語りのなかに憎悪や侮蔑の感情が含まれていることをすでに生徒たちは指摘していた。授業者はこれについて、「今までわたしは、〈私〉なる人物を視点人物としてだけしかみず、同化体験を主に読んできた。しかし、時にはこのように、視点人物をつきはなして異化体験する必要もあるだろう」とまとめている。この場面3の読解も含め、単元の全体を通じて、生徒たちは、主人公と故郷の人々とのあいだの感情的齟齬、非対称性に敏感に反応している。場面5の授業での、閏土に対する「私」と母親の態度にむけられた批判は、その場で突然発生したわけではなく、主人公の無意識にひそむ他者認識を注視する生徒たちの意識の持続が顕在化したものといっていい。

惜しむらくは、終末に引用されている生徒の作文が「新しい生活」「希望」の語に引きずられ、活気のあった議論の内容が今ひとつ生かされていないことだろうか。また一九七〇年代後半の実践ということもあり、「視点」「語り（手）」等の概念についてもふかく浸透しているとはいいがたい。だが逆に、一九七〇年代という時期であるからこそ、文学教材へのポジティブな関心が授業の推進力となり、小説の微細な表現の背後に「社会」の力学を見いだそうとする意志として結実しているともいえるだろう。授業者のサポートのもと、生徒たちが批判的意識、異化の意識をその都度動員しながら、「故郷」の社会性に——素朴な形であれ——触れようとした、古典的な成果のひとつとして位置づけることができると思う。

3

一九七〇年代は、一九五〇年代後半～六〇年代に沸騰した文学教育の熱量がまだ残存していた時期であり、だからこそ麻生実践のような試みがまだ可能だった。最近の「故郷」の実践報告を一瞥すると、魯迅の原典と日本語訳の比較、演劇的要素の導入、比較読み、といった方法が取り入れられており、研究の多い定番教材ということもあって、かつてのようなオーソドックスな読解の授業はほとんど公にされなくなっている。『吶喊』（1923）刊行前後の中国の歴史的状況を視野に入れることは一応前提とされているものの、配当時数の短縮、言語活動の重視、さらにはスキルベースの風潮とも相まって、小説の細部に固執する精読型の授業はなかなか行われなくなっているのが実状だろう。

「故郷」に限らず、文学教材の授業に歴史や社会への観点を持ち込もうとする際の困難として、たとえば、

◯漫然と授業を進めると歴史的・社会的な観点が一切発生しないため、教師の側が意図的にそれを持ち込まなければならない。

○教材内容と不可分であるところの歴史的・社会的状況が、児童・生徒の現状とかけ離れたものになっており、関心を生み出しづらいケースが生じる。（たとえば戦争文学教材など）

○教師にとっても未知の事柄が多く、教材研究に多大な時間と労力を要する。

○歴史的・社会的な観点を持ち込むと授業に多くの時間を要する。（生徒にとって未知の事柄が多いため）

といった問題が立ちはだかる。冒頭に掲げた文学理論の有効性云々とは異なる、一見外在的な問題ではあるが、現実に授業を進めていく上でこれらの制約をまったく無視することはできない。たとえば光村図書の中学校国語教科書「年間指導計画例」で「故郷」に配分されている時数はわずか5時間であり、この小説の歴史的背景である辛亥革命～中華民国の成立、軍閥の跋扈、五・四運動といった重要な出来事、さらには作者魯迅の生活史まで丁寧に説明しようとすると、肝心の読解の時間が大幅に削られてしまう。そうすると、授業の質を落とさないよう四苦八苦しながら効率化の工夫をしたあげく、結局は歴史へのコミットを断念し、物語内容の解釈は既成のそれに依存し、授業の質は生徒の関心を引きそうな言語活動に担保させる……という本末転倒の事態に陥ってしまう。これはあきらかに望ましいことではないだろう。

とくに古典的な定番教材は、そこに内包されている歴史と社会の問題が豊富かつ複雑であり、さらに原典の初出から数十年以上が経過している場合がしばしばで、字義通りの理解ですら多くの時間を費やしてしまうという現実がある。こういう状況を幾らかでも改善するため、筆者はかつて「作品の思想が集約されている場面を選択して詳細な読解の対象とし、それ以外の部分についてはストーリーを理解する程度にとどめる、という割り切った授業構成が必要」[3]と提唱したことがある。文学（小説）教材を始

3　千田洋幸「文学教育のリストラクチャー・序説」（『東京学芸大学国語教育学会研究紀要』第12号　2016.2）。

めから終わりまでフラットに学習するのではなく、詳細な読解は重要な部分に焦点化して行う。ある意味で当然ともいえる考え方だが、現状の文学教材についてオーソドックスな読解の学習を展開しようとするなら、このようにせざるを得ないのではないかと思う。たとえば「故郷」であれば、「私」と閏土の再会の場面、あるいは終末の独白「歩く人が多くなれば、それが道になるのだ」などいずれか一箇所を選択し、最低２時間程度は使ってその場面に内在する歴史性・社会性の問題とともに該当部分を読み込む。その際にはおそらく、魯迅が「文学という領域において〈想像の共同体〉（ベネディクト・アンダーソン）の創造をになった知識人」[4]であることを念頭におきながら、以下に藤井省三が説明するような「故郷」の歴史を生徒に共有させる授業構想が必要となるだろう。かなり長くなるが引用する。

「故郷」という作品は暗いしっとりとした作品なんですが、逆に中国全体としては熱気のあった時代なんです。つまり、一九一〇年代の末、第一次大戦後に国民国家建設の気運が高まっております。一九一九年六月四日には五四運動と呼ばれる反日デモがあり、こういう状況を受けてそれでは具体的にどうやって中国を統一していこうかと模索した結果、国民革命の方法として革命政党と軍隊を結び付ける、という戦術が出来上がってきます。実際に一九一九年一〇月に国民党が結成され、二〇年八月には共産党の結成が準備され、二年七月には中国共産党の成立ということになり、そして数年後には両者が合作協力しまして革命による国家建設という方向に進んでいきます。「故郷」という作品の執筆は二一年四月でして、このような国民党、共産党が次々と統一して革命政党として登場してくる、その渦中のなかでできた作品です。その一九一〇年代の末から大体三〇年代の半ばくらいまでは国民革命、国民国家建設という大きな流れで中国の歴史は進んでおりまして、非常に政治経済も尻上がりに栄えていっている

[4] 藤井省三『魯迅「故郷」の読書史』（創文社、1997）。

んです。それではなぜそういう時期に書かれた「故郷」が暗いイメージを持っているのでしょうか。知識人の役割——ホワイト・カラーと言ってもいいと思いますが、そういう高校・大学・専門学校などという西洋式の近代教育を受けた人たち、教師とか銀行員ですとかは、かなり自由に口語体の文章を読んで書くことができ、共通語（スタンダード・チャイニーズ）を話せる人々ですね。そういった人々が、大量に出てきます。彼らとしては中国が分裂状態よりも、統一された共和国になってくれますと、彼らの能力ももっと発揮できるし、暮らしも良くなるということで当然共和国形態を支持します。その一方で、国民党にしても共産党にしてもいわゆる民主政党ではなく、ロシア革命の影響を受け、ソ連からの資金援助を受けたボルシェビキ政党なわけです。現在の日本では国民党と言いますと後に共産党と喧嘩する右派であるというイメージがありますが、基本的には国民党というのはボルシェビキ政党で、両者はそれほど変わらないんですね。ただ国民党の場合は地主をすぐには潰さない、当分の間は温存しておく。共産党の場合は農地改革をして、小作農に分けてしまうというように、農民政策は違うのですが、建設していこうというやり方は非常に似ている。中央集権的でやっていく……非常に組織的なロシアのボルシェビキ革命にならって革命を中国でやろうとしていたのです。知識人は抽象的に民主主義だとか共和国だとかそういったことを論じていた時には、元気がいいんですが、大きな中央集権的な革命政党が出てきますと、彼らと一緒に行ったほうがいいのか、それとも別の道を選ぶべきなのか、という選択を迫られてしまいます。（中略）しかも党組織に入っていかない知識人への批判というものが中国で次々に出てきます。例えばキリスト教に対して好意的な態度を示す者ですとか、宗教の自由を認める知識人などに対しても共産党が集団的に批判を繰り返すといった状況となってきております。非常に思想の自由というのがなくなっていく。国民国家への道が進めば進むほど、逆に民主主義とか自由とかが失われていく。そういう状況になっていくわけです。そのような状況下で、その時代のオピニオン・リーダー的な存在であった知識人——魯迅みたいな人たちは、どちらの道を選びとるのか、というようなことで非常に苦悩していく、という時期がちょうど「故郷」を書いていた時期と重なるのです。（中略）

……中国の場合はまだ市民社会どころか、国家さえもできていない。安定を目指す国建設の途中、社会そのものが不安定ななかに、更にまた知識人の不安定な心理というものが重なっていく。二重の不安定というものが存在し、それがまた「故郷」という作品に反映されまして、二重の不安定感を持っている。[5]

このような「故郷」の歴史的文脈を授業にどう導入するかというのは非常に難しい問題である。ただ、当時の中国知識人が、政治の激動する時代にあってみずからの思想的立場を問われるきびしい状況に晒されていたこと、時流に乗って生きる庶民と懊悩する知識人のあいだに落差があったこと、等は最低限押さえておく必要があるだろう。「故郷」に描かれた、知識人と民衆、共同体と個人、中央と地方、といった二項対立のせめぎ合いはすべて歴史的産物なのであり、現代を生きている人間の意識と単純に結びつけることはできない。だから閏土との再会場面以降の「私」の葛藤を、自己のアイデンティティを探しあぐねている当時の知識人の姿と重ねあわせていく、という作業も必要になってくるかもしれない。そうすれば、他者—社会との連帯の希望と、他者—社会との断絶の絶望のあいだを揺れ動く主人公の位置がよりクリアにとらえられ、「希望」「道」といった抽象的な語によって茫漠としがちな終末場面のイメージが、すこし明瞭になってくるのではないだろうか。（さきの麻生実践では、主人公は他者との断絶の方に傾いてしまっているのではないか、と生徒たちが批判していたわけだが。）

すでに述べたように、こういう読解の内容が学習者にふかくコミットしうる可能性について確証があるとはいえず、どちらかというと得られるの

5　足立悦男・須貝千里・藤井省三・府川源一郎「〈座談会〉教材としての「故郷」」（『日本文学』1993.8）における藤井の発言。

は消極的な反応かもしれない。だが、「故郷」の物語を自分との距離においてとらえることが読解の第一歩ではあるにしても、それを一度は歴史の文脈のなかに布置してみなければならない。「故郷」の歴史性と社会性に着目する授業を行うのであれば、政治の大きな転換点が生み出した小説であること、当時の知識人の存在理由とアイデンティティを問いただす内容がふくまれていること――すなわち、歴史と接続しようとする強い意志がそこに込められていることを生徒に実感させるための方略が必要だ。そのときに問われるのは、教師自身の歴史観――正確にいえば、文学教材と歴史・社会を橋渡しする思考のあり方――なのであり、それはどのような教材を扱う際にも同様なのである。

「歴史と社会」実践編

他作品との重ね読みによる、「社会」のとらえを読みに生かす取り組み
――中学校３年　魯迅「故郷」――

加儀　修哉

1　はじめに　～中学生に「故郷」をどのようにとらえさせるか～

この作品は、主人公「私」が、故郷[1]に別れを告げなくてはならない中で再会するさまざまな人々の変貌と、「私」の苦悩を中心に描いている。辛亥革命後の混乱する当時の中国で、必死に生きるほかない苦しみが、「私」、閏土、楊おばさんといった人物に投影されている。

まず『故郷』を読む上での一つの課題は、生徒たちに「故郷」という存在をどのようにとらえさせるかという点である。これは、この作品の設定である「故郷との離別」をどのように受け止めるかにつながってくる。

この作品における生徒の初読の感想において、「故郷は憩いや安らぎの場であるはずだが（後略）」といったように、一般的な故郷のイメージとしてある「大切なもの」、「美しいもの」として捉えている様子はうかがえる。だが、本実践を試みた多くの生徒たちは東京近郊で生まれ育っており、まだ「故郷とはどのようなものか」ということについて、その本質的な意味について感じたり、考えたりした経験はほとんどないことが想像される。

このため、まず故郷とは何かという点において、「故郷」を実感的にとらえさせることが大切ではないかと考えた。作品を読む上での視点として、「歴史と社会」という切り口のなかで、まずは故郷をどのように受け

1　一般的な意味としての故郷は、故郷または「故郷」と表記。魯迅の作品名としての『故郷』は、『故郷』として示した。

止めるかという、特に「社会」の状況のとらえに重点を置けないかと授業づくりを構想した。

2　魯迅『故郷』で、「故郷」はどのように描かれているか

ここで、『故郷』における故郷の描かれ方について、文中の描写をもとに考察を試みる。

場　面	文中における　故郷の描写
私の帰郷	ああ、これが二十年来、片時も忘れることのなかった故郷であろうか。 …住み慣れた古い家に別れ、なじみ深い故郷をあとにして、私が今暮らしを立てている異郷の地へ引っ越さねばならない。
少年時代の閏土との回想	…私はやっと美しい故郷を見た気がした。
故郷との別れ	古い家は遠くなり、故郷の山も水もますます遠くなる。だが、名残惜しい気はしない。

まず、「私」が帰郷する場面では、「片時も忘れることのなかった」、「なじみ深い」のように、「私」の故郷への思いが表れている。その後「私」は、少年時代の閏土との思い出を回想するなかで「やっと美しい故郷を見た気がした」と、その美しさを手にとるように実感する。

だが、最後の場面においては、「名残り惜しい気はしない」と、自ら故郷との決別をのぞかせるような描写がある。本来であれば、生まれ育った土地であり、何物にも代えがたいはずの「故郷」を、「名残惜しい気はしない」と言葉にする「私」の表現に、読者は大きな疑問をもつはずである。先述したように、「故郷」そのものを捉えづらい中学生にとっては、さらに難解なはずである。

このように、まずは一般的な「故郷」についての理解を基にしながら、『故郷』に描かれる「故郷」について追及していく学習を構想した。

3　教科書における『故郷』の扱いと、「社会」との関わりについて

生徒が「故郷」を追求する学びを構想する上で、まずは中学校の国語教科書においての『故郷』の扱いについて整理をすることとした。藤井[2]が、『故郷』の教科書掲載について以下のように述べている。

> 中学校の国語教科書では、短編『故郷』が53年に教育出版に採用されて以来、1966年に光村図書、69年に三省堂と筑摩書房、そして日中国交回復の72年には学校図書と東京書籍の各版の教科書に採用され、現在に至っている。

つまり、『故郷』は約70年もの間教科書に掲載され続けていることが分かる。これだけ読み継がれる裏側には何があるのかという疑問が湧いてくる。これについて知るために、さらに各教科書が設定している学習目標を以下に整理する。

『故郷』　中学校国語教科書・学習指導書に見る、主な指導目標と言語活動（下線部は筆者付記）

	主な指導目標	主な言語活動
光村図書[3]	文章を読んで考えを広げたり深めたりして、<u>人間、社会</u>、自然などについて、<u>自分の意見をもつ</u>ことができる。	・最後の場面で「私」が抱く<u>「希望」</u>や、望む社会とはどのようなものか、登場人物どうしの関係を踏まえて捉える。 ・この作品のもつ特性や価値について批評する。
教育出版[4]	一人称の語り方について理解し、作品の表現の仕方を評価する。 「希望」について考え、<u>人間、社会などについて自分の意見をもつ</u>。	・（前略）「閏土」と「私」の<u>「希望」</u>は、どのように異なるのか考える。また、「私」の捉えている「地上の道」とはどのようなものなのか考える。 ・『故郷』を読み、考えたことについて文章にまとめる。

2　藤井省三『魯迅――東アジアを生きる文学』（岩波書店、2011）第７章日本と魯迅、p.183

3　光村図書出版編『中学校国語学習指導書３下』（2021）pp.301-302

4　教育出版株式会社編集局『伝え合う言葉　中学国語３　教師用指導書教師用指導書　教材研究編　下』（2021）p.157,p.163

三省堂[5]	文章を読んで考えを広げたり深めたりして、人間、社会、自然などについて、自分の意見をもつことができる。	・「自分の道」「希望」とはどういうことか、考える。 ・作品を読んで考えたことを文章にまとめ、交流する。
東京書籍[6]	文章を読んで考えを広げたり深めたりして、人間や社会について、自分の意見を持つことができる。	・場面の展開と人物の思いを捉えて、作品を読み深める。 社会の中で生きる人間について、感じたことや考えたことを話し合う。

まず、主な学習目標のなかで各教科書に共通しているキーワードは、「人間、社会などについて自分の意見をもつ」である。「中学校学習指導要領解説　国語編[7]」の、第３学年「C読むこと　考えの形成、共有」の目標エのなかで「文章を読んで考えを広げたり深めたりして、人間、社会、自然などについて、自分の意見をもつこと」を踏まえていることがわかる。さらにこの部分を詳しく見ていくと、次のようにある。

(前略)「構造と内容の把握」や「精査・解釈」の学習過程を通して理解したことや評価したことなどを結び付けて自分の考えを明確にもち、文章に表れているものの見方や考え方と比べたり、他者の考えとを比べたりすることによって、自分の考えを広げたり深めたりすることが求められる。義務教育終了段階として、社会生活の中の様々な事象について、より広い視野をもって自分の意見を形成することができるようにすることが重要である。」(下線部は筆者付記)

とあるように、中学校３年生という義務教育の終了する段階において、より広い視野でものごとを見、自分の考えに生かすための教材としての役割を、『故郷』に委ねている。

5　現代の国語』編集委員会編『現代の国語　学習指導書３教材研究と学習指導』(2021) pp.272-273

6　新しい国語編集委員会・東京書籍株式会社編集部編『新しい国語　教師用指導書』(2021) pp.128-129

7　文部科学省『中学校学習指導要領　解説　国語編』(2017) pp.128-129

さらに、藤井[8]は、『故郷』の魅力について次のように述べている。

> 中学三年生になると、高校受験を控え、徐々に社会の厳しさに直面していきます。そんなときに『故郷』を読んで、「迷ってもいいんだ」ということを感じてほしいですね。何事も順調に進むわけではなく、迷ったり悩んだりする中で人は成長していくんだということを、この作品から読み取ってほしい。それは、きっとその後の人生にも生きていくはずです。（中略）
>
> 私は、研究者として迷いを感じるたびに魯迅の作品を読み、救われてきました。悩み迷うことの多い人生で、この作品は、生徒たちにとっても、きっと道しるべになってくれることでしょう。（下線部は筆者付記）

中学校の卒業を見据え、これまで以上に社会との関わりが増えていくのを前に、『故郷』を通した社会を知る機会としての役割が見えてくる。ここに描かれている人物や、その人の生き方、またその人々をとりまく社会との関わりについて考えていく上でのひとつのきっかけとして、この作品が中学生に機能しているようにも考えられる。中学３年生という複雑な時期であるからこそ、平易な言葉では言い表せない人間の苦悩する姿に直面し、これまでに経験しえない人々の姿を、自身や他者との対話を通してもう一度見つめ、言葉にする機会をもたせているとも考えられる。

さらに多くの学習指導書には、最後の場面の「希望」とは何かについて扱うことが記されている。「自分の周りに目に見えぬ高い壁があって、その中に自分だけ取り残されたように、気がめいるだけである」と、単純な「悲しみ」や「苦しみ」といった言葉では表現しきれない苦悩のなかで、「私」が見出す「希望」である。

中学生にとっては、これまでの経験で用いてきた言葉では表現できない可能性もある。だが、表現しにくいという体験こそが、作品の読みを深め

8　光村図書出版編『国語教育相談室』No.75（2014）特集『故郷』再研究p.8

ようとする原動力になるとも考えられる。
このように考えると、中学3年生にとっての『故郷』との出会いは、様々な社会における人物との出会いとも言えそうである。本実践では、様々な人々との出会いを一つの「社会」との関わりとして位置づけ、まずは「故郷」をどのようにとらえるかという点に軸を置きながら実践を試みたい。

4 「社会」との関わりを言葉にさせるための手だて

(1)「故郷」を題材とした、他作品との重ね読み

まずは「故郷」を知り、実感的に受け止めるための手だてとして以下の二作品を用いることとした。

①短編小説『ふるさと銀河線』(髙田郁) と故郷

『ふるさと銀河線』[9]は、北海道陸別が舞台の、進路選択を前にした中3の主人公 星子が、ふるさとの学校に通うか、それともコンクールで優勝した経験ももつ演劇をふるさとを離離れて続けるのかに悩む姿を描いた短編小説である。
星子は5年前に事故で両親を失ってから、地元の北海道ちほく高原鉄道(通称、銀河線)の運転手をする兄 康晃と、週末だけは二人で暮らしている。この、銀河線は廃線の危機にある。

> 進みたい道は他にあったかも知れないが、康晃は銀河線の運転士となって、郷里に戻ることを選んだのだ。(p.112)

と、ふるさとで暮らす兄に続き、星子も進路を次のように考える。

> 隣町の置戸には、道内の公立高校として唯一、福祉科を備えた学校があった。星子はそこで福祉を学び、将来は陸別でそれを生かした仕

9 髙田郁『ふるさと銀河線』(双葉社、2013)

事に就きたい、と考えていた。(p.108)

だが演劇を続けたい気持ちがあることを知った康晃は、星子の校長に次のように相談していた。

「君のお兄さんは、私にこう言ったんだよ。妹が兄である自分のことや、この町のことを想う気持ちはわかる。けれども、十五歳にはもっと選択肢があって良い。妹には自分の人生を懸けて夢に向かっていく勇気を持ってほしい、と」(p.128)

これを聞いて、星子は進路選択をさらに悩むが、故郷を離れてきた、二人のことを知る天文台の技師 青柳の話を聞いて星子は、演劇部の活動に力を入れている帯広の高校を受験することを決める。

「(前略)やっぱり後悔だけはするまい、と決めているんだ。僕の夢を知り、背中を押してくれたひとたちの思いを無駄にしないためにも、故郷を出たことを決して後悔しない。(中略)故郷って、人間にとっての心棒なんだと思うんだ。そのひとの精神を貫く、一本の棒なんだよきっと」(p.134)

『ふるさと銀河線』と『故郷』との共通点は、主人公の故郷との別離である。前者は成長のために離れるという設定だが、『故郷』はもう二度と戻らない離別であり、その点では大きく異なる。

だが、『故郷』を読む中学3年生と同年齢である主人公が、大切な存在の兄との暮らしをとるのか、自身の夢を追うのかで葛藤する。登場する星子や康晃をはじめ、青柳などさまざまな人物が、自身と故郷について語る。同じように進路選択を目前に控えた生徒たちがこの作品の人物たちの語る故郷を通して、その温かさやかけがえのなさを知り、考えていくことが、離別という『故郷』を読むための手がかりになるようにも考える。

②詩「第二の故郷」(室生犀星) と故郷

「第二の故郷」[10]は、見知らぬ土地が故郷へと変化してゆく作者、室生犀星の思いを描いている。

「私が初めて上京したころ　どの街区を歩いてゐても　旅にゐるような気がしてならなかった」と始まる。その後、「五年十年と」時間が経ち、家庭をもつなかで、「東京がだんだん私をそのころから　抱きしめてくれた」と、故郷とは思えなかった土地が、大切な土地へと変化してゆく。しまいには「深い愛すべき根をはって行った」と、「旅」ととらえたふるさとは、言葉のごとく「根」へ深く変化してゆく。

「旅」としか捉えられなかった見知らぬ土地が、「故郷」へと変わってゆくさまを読み味わっていくことが、その人にとってかけがえのない土地である、故郷を理解したり、思いを重ねたりすることにつながると考える。本作品の語り手は、先述の『ふるさと銀河線』と違い、青年の犀星である。生徒が同年代として同じように思いを重ねることにはやや難しさがある。また作品独特な文体による読み取り辛さもある。だが、生まれ育った土地とは違う、また別の「故郷」というとらえ方を知ることが、『故郷』との離別への考えを深めることにつながると考える。

(2)『故郷』は何を伝えているか——の探求を、学習の中心に据えて

前述したように『故郷』は、70年近くも教科書に掲載され続けている。戦後から現在に至るまで社会の状況は絶えず変化し続けている。だが、この作品が中学校3年生の教科書に掲載され続けている裏側には、どんなに時代や社会が変化をしても残すべき、伝えるべき普遍性を含んでいると言い換えられる。藤井[11]にある迷いや成長もその一つかも知れないが、作品を通して個々の生徒が『故郷』に問いをもち、それらの問いを交流していくなかで読みを深め、『故郷』の魅力を言葉にすることを単元の中心に据えた。

---

[10] 室生犀星　福永武彦編『室生犀星詩集』(新潮社、1963) pp102-104

[11] 注8に同じ。

この手だてをとるにあたって、中西（2010）[12]による「（前略）教師自身も含めた学習者の疑問から出発することを忘れてはならない」という考え方をもとにした、花田実践「学習者の疑問が評価の出発であるという考え方で授業を行い、文脈の中で語句の意味をとらえ、叙述に即して登場人物に対するものの見方や考え方をとらえること」を参照した。

加えて、問いを立てる上での観点を明確にもたせるために、第２学年時に取り組んだ単元「文学作品を味わう言葉たち」で見出した語彙を参照させることとした。（文学作品の特徴を語る観点を言葉にする試み。具体的には「小さな手袋」（三省堂）を読むために、小学校で多くの生徒が読んだ「おにたのぼうし」の作品鑑賞を通して、そこに用いられている表現を指導者が分類・抽象化した。）

「文学作品を味わう言葉たち」～作品の特徴を語る、わたしの観点～（「おにたのぼうし」より）

着目した観点（作品を味わう言葉）	
◆登場人物 ・人物どうしの関係性	おにたは鬼で恥ずかしがりやだけど、気がよくて人のためにいろいろできるという設定で、女の子はおにたの優しさに触れるものの、鬼とは気づかない。
・人物が抱く感情 ・感情の対比	おにたは人々のために尽くして「温かさ」を皆に届けているのに、それを裏切る人間からの「冷たさ」。「鬼は悪者だ」という固定観念が人々に定着してしまっているため、まさか「鬼」が色々なことをしてくれるとは思えないのだろう。
・人物どうしの共通点	おにたと女の子のウソをついている共通点から来ている　おにたは自分が鬼であることを隠していて　また女の子もお母さんに心配をかけないようにウソを言っている。
・登場人物の行動	おにたは先入観を持ち鬼を悪者と思いこんでいる女の子に向かって、それは違うとはっきりと言うことができなかった。おにたの優しさあふれる行動に女の子の鬼への考え方も変わったかもしれないのに…。
・登場人物の性格 ・キャラクター	おにたは気がよく優しい鬼だ。そんなおにたが、女の子のために食事を持ってきたり、豆を残したりする。また女の子はお母さんの看病を一生懸命して、お母さんに気をつかう優しい子だ。
・登場人物の関係とストーリー	登場人物のそれぞれがもつ〝優しさ〟が混じりあってしまった事による悲しいラスト。しかし〝根本的な原因、また始まりは〟優しさだったと思う。
・登場人物の設定	この作品の固さは登場人物達の思い込みや、この作者が描いたおにたへの仕打ち。…最後だけは、おにたが豆になって投げられているので、固い殻の中に入れた
◆せりふ ・人物同士の会話	この作品の優しさは、女の子への気遣いとおにと女の子が繰り広げる温かい会話からきている。温かそうな赤ごはんとうぐいす色のに豆…「まあ、黒い豆！まだあったかい。」
・作品を印象・方向づけるせりふ	「おにが来れば、きっとお母さんの病気が悪くなるわ。」という女の子のセリフが最重要である。女の子がお母さんへの優しさから言ったせりふだが結果的におにたを傷つけるきっかけともなってしまった。
◆描写 ・情景描写	この作品の静けさは、こな雪が降っている寒い部分という場面設定や登場人物の感情が幸せなどの明るい感情ではなく、どちらかといえば暗く寂しい感情が多めだった…ところから来ているのだろう。
・心情描写	この作品は登場人物の気持ちをはっきりと書かずに、具体的な描写やせりふで気持ちを表している。例えば、〝女の子の顔がぱっと赤くなりました…

図１　作品の特徴を語る観点をまとめたプリント（「おにたのぼうし」をもとに）

12　田中宏幸・坂口京子『文学の授業づくりハンドブック　第４巻』（溪水社、2010）第５章「故郷」（魯迅）の授業実践史 中西一彦pp.108-110

作品の特徴を語る観点（「おにたのぼうし」の鑑賞をもとに筆者が分類）

◆登場人物	登場人物の行動　人物どうしの共通点、関係性　人物の感情　感情の対比　性格、キャラクター　登場人物とストーリーの関係　登場人物の設定
◆せりふ	人物同士の会話　作品を印象、方向づけるせりふ
◆描写	情景描写　心情描写　動作と描写の関係　描写の変化
◆場面設定	場面の変化と人物の描き方
◆作品設定	作品舞台の描き方
◆ストーリー展開	物語の展開の仕方　人物の心の動き　展開の仕方
◆主題	作者の訴え　作者のメッセージ
◆語り・語り手	文体と味わい（常体・敬体）　語り手の設定　語り手の視点（人称）
◆表現技法	擬音、擬態語の用い方　間　比喩
◆象徴	

5　実践計画

(1) 単元のねらい

①『故郷』を読んで疑問に思った点（問い）を探求することを通じて、人物同士の関係やストーリー展開について理解する。

②他の故郷を描いた文学作品を読んで、故郷の描かれ方を考察することを通じて、「私」の故郷への思いを言葉にする。

③『故郷』が読み継がれる理由を、「私」の故郷への思いや、人物の描かれ方などから考えることを通じて、作品の価値を追求する。

(2) 全体計画（7時間）

	学習内容・学習活動	指導上の留意点
第一・二時	1)『故郷』を読む上で必要な新出語彙の意味を調べ、その語彙を用いて短作文を書き語彙の用い方を知る。（言葉の小劇場） 2)『故郷』を読んで初読の感想を書く。	○「寂寥」や「胸を突く」といった作品解釈における重要な語句に着目させるきっかけとする。 ○印象に残った人物や場面、表現、疑問に思ったことを言葉にさせる。
第三・四・五時	1) 初読の感想の交流を通じて、『故郷』における疑問点を挙げ、作品理解のための問いを小グループで立てる。	○登場人物や描写、象徴といった、文学作品を語る上での観点（2学年時に既習）を挙げ、問いを整理する上での手がかりとさせる。

第三・四・五時	2) 各班における問いについて、本文や資料をもとに、登場人物の関係や作品の内容などについて分かったことや考えたことをまとめ発表する。	○問いによって、『故郷』のどのようなことがらが分かったのかについてメモさせる。
第六時（本時）	1)『故郷』というテーマの描かれ方について、他の小説と詩をもとに考え、故郷への私の思いの変化について考える。	○『故郷』の描かれ方との違いを見つけさせる。
七時	1) 学習のまとめとして、『故郷』が読み継がれる理由について考える。	○登場人物の描かれ方や、『故郷』のテーマ性をもとに考えさせる。

6　授業の実際

(1)『故郷』を読んで、初読の感想を書く（第2時）

まず、作品を読む上で必要な新出語彙の意味や用法について知る上で、その言葉を用いて短作文を書く活動からスタートした。（本単元に限らず、新出語彙を実際に使って学ぶ場として1年時より継続）

その後作品を初読し、自身が問いを探求的に探っていくために、特段知識は得ないまま臨み、感想を書いた。以降、二人の生徒の学びの様子をもとに述べる。

【生徒A】

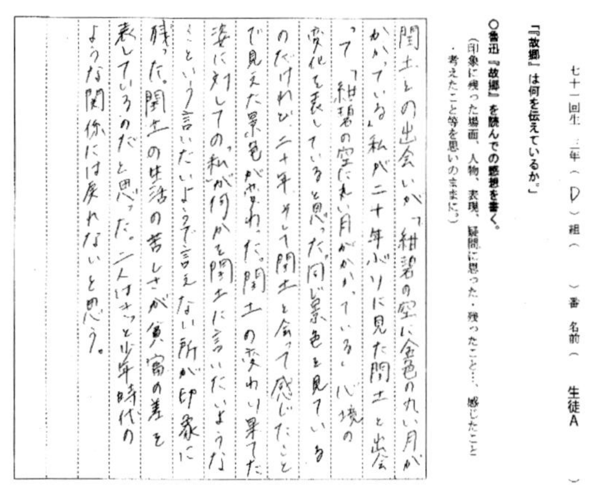
七十一回生　三年（D）組（　）番　名前（　生徒A　）

「『故郷』は何を伝えているか。」

○魯迅『故郷』を読んでの感想を書く。

（印象に残った場面、人物、表現、疑問に思った・残ったこと…、感じたこと・考えたこと等を思いのままに。）

閏土との出会いが「紺碧の空に金色の丸い月がかかっている」私が二十年ぶりに見た閏土と出会って「紺碧の空に丸い月がかかっている」心境の変化を表していると思った。同じ景色を見ているのだけれど、二十年そして閏土と会って感じたことで見えた景色が変わった。閏土の変わり果てた姿に対しての「私」が何かを閏土に言いたいようなことという言いたいようで言えない所が印象に残った。閏土の生活の苦しさが貧富の差を表しているのだと思った。二人はきっと少年時代のような関係には戻れないと思う。

図2　【生徒A】第2時ワークシート

閏土との出会いが「紺碧の空に金色の丸い月がかかっている」私が二十年ぶりに見た閏土と出会って「紺碧の空に丸い月がかかっている」心境の変化を表していると思った。同じ景色を見ているのだけれど、二十年、そして閏土と会って感じたことで見えた景色が変わった。閏土の変わり果てた姿に対しての「私」が何かを閏土に言いたいようなことを　言いたいようで言えない所が印象に残った。閏土の生活の苦しさが貧富の差を表しているのだと思った。二人はきっと少年時代のような関係には戻れないと思う。

【生徒B】

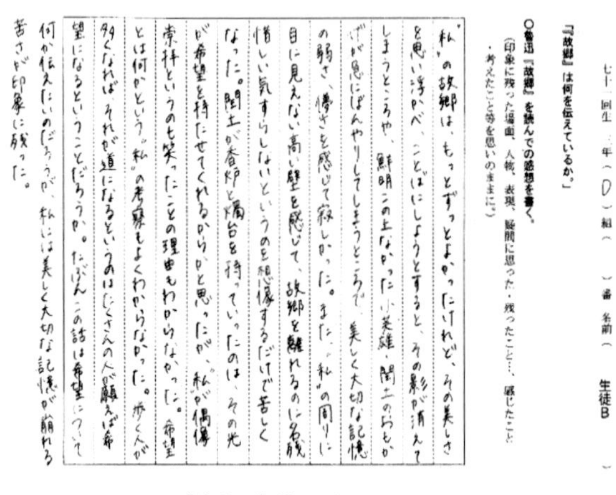
七十一回生 二年（D）組（　）番 名前（生徒B）

『故郷』は何を伝えているか。」

○魯迅『故郷』を読んでの感想を書く。
（印象に残った場面、人物、表現、疑問に思った・残ったこと…、感じたこと・考えたこと等を思いのままに。）

"私"の故郷は、もっとずっとよかったけれど、その美しさを思い浮かべ、ことばにしようとすると、その影が消えてしまうところや、鮮明この上なかった小英雄・閏土のおもかげが急にぼんやりしてしまうところで、美しく大切な記憶の弱さ、儚さを感じて寂しかった。また、"私"の周りに目に見えない高い壁を感じて、故郷を離れるのに名残惜しい気すらしないというのを想像するだけで苦しくなった。閏土が香炉と燭台を持っていったのは、その光が希望を持たせてくれるからかと思ったが、"私"が偶像崇拝というのも笑ったことの理由もわからなかった。希望とは何かという"私"の考察もよくわからなかった。歩く人が多くなれば、それが道になるというのはたくさんの人が願えば希望になるということだろうか。たぶんこの話は希望について何か伝えたいのだろうが、私には美しく大切な記憶が崩れる苦さが印象に残った。

図３　【生徒B】第２時ワークシート

“私”の故郷は、もっとずっとよかったけれど、その美しさを思い浮かべ、ことばにしようとすると、その影が消えてしまうところや、鮮明この上なかった小英雄・閏土のおもかげが急にぼんやりしてしまうところで、美しく大切な記憶の弱さ、儚さを感じて寂しかった。また、“私”の周りに目に見えない高い壁を感じて、故郷を離れるのに名残惜しい気すらしないというのを想像するだけで苦しくなった。閏土が香炉と燭台を持っていったのは、その光が希望を持たせてくれるからかと思ったが、“私”が偶像崇拝というのも笑ったことの理由もわからなかった。希望とは何かという“私”の考察もよくわからなかった。歩く人が多くなれば、それが道になるというのはたくさんの人が願えば希望になるということだろうか。たぶんこの話は希望について何か伝えたいのだろうが、私には美しく大切な記憶が崩れる苦さが印象に残った。

まず【生徒A】は、閏土との出会い、そして二十年後の再開の場面での私を「言いたいようで言えない所」と表現しているように、その心情に着目する様子も見える。ただこの段階では、二人の関係の変化の要因を「貧富の差」と表現しているに留まる。

続いて【生徒B】は、「故郷を離れるのに名残惜しい気すらしないというのを想像するだけで苦しくなった」というように、自身にもともとある故郷の美しさというイメージと比べながら、「私」と故郷との別離に着目する様子がある。だが「希望とは何かという“私”の考察もよくわからなかった」と述べているように、故郷の別離と「希望」という、作中のキーワードに触れながらも、この段階では「よくわからない」その難解さをストレートに綴り終えている。

(2)『故郷』を問う～疑問をもとに問いを立てる～（第3時）

初読の感想を小グループで交流したあと、『故郷』を読んで疑問に思った点や、感想を交流するなかで生まれた疑問をもとに、作品を追求する問いを立てる時間とした。

【生徒A】

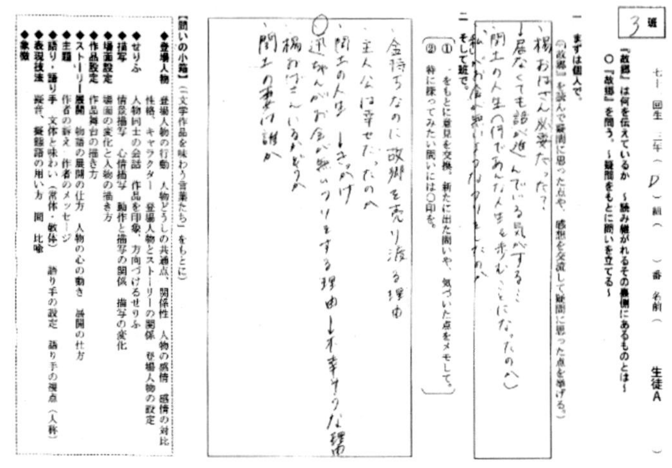
3 班

七一 回生 三年（D）組（ ）番 名前（ 生徒A ）

『故郷』は何を伝えているか ～読み継がれるその奥側にあるものとは～

○『故郷』を問う。～疑問をもとに問いを立てる～

一 まずは個人で。

（『故郷』を読んで疑問に思った点や、感想を交流して疑問に思った点を挙げる。）

、楊おばさん必要だった？
↓居なくても話が進んでいる気がする…
、閏土の人生（何であんな人生を歩むことになったのか）
、私がお金が無いようなフリをしたのか

二 そして班で。

（① 、をもとに意見を交換。新たに出た問いや、気づいた点をメモして。
② 特に探ってみたい問いには○印を。）

、金持ちなのに故郷を売り渡る理由
、主人公は幸せだったのか
、閏土の人生 ↓きっかけ
○、迅ちゃんがお金が無いフリをする理由 ↓不幸せな理由
楊おばさんいるかどうか
、閏土の妻は誰か

【問いの小箱】（二 文学作品を味わう言葉たち」をもとに）

◆登場人物　登場人物の行動　人物どうしの共通点、関係性　人物の感情　感情の対比
性格、キャラクター　登場人物とストーリーの関係　登場人物の設定
◆せりふ　人物同士の会話　作品を印象、方向づけるせりふ
◆描写　情景描写　心情描写　動作と描写の関係　描写の変化
◆場面設定　場面の変化と人物の描き方
◆作品設定　作品舞台の描き方
◆ストーリー展開　物語の展開の仕方　人物の心の動き　展開の仕方
◆主題　作者の訴え・作者のメッセージ
◆語り・語り手　文体と味わい（常体・敬体）　語り手の設定　語り手の視点（人称）
◆表現技法　擬音、擬態語の用い方　間　比喩
◆象徴

図４ 【生徒A】第３時ワークシート

個人で問いを立てる段階で、初読の感想で閏土との出会いや再開に着目していたように、「閏土の人生」について「何であんな人生を歩むことになったのか」という問いを挙げている。さらに、「『私』がお金が無いようなフリをしたのはなぜか」と、閏土との貧富の差に着目した点を探っていくような問いを、班での問いとして決めている。

【生徒B】

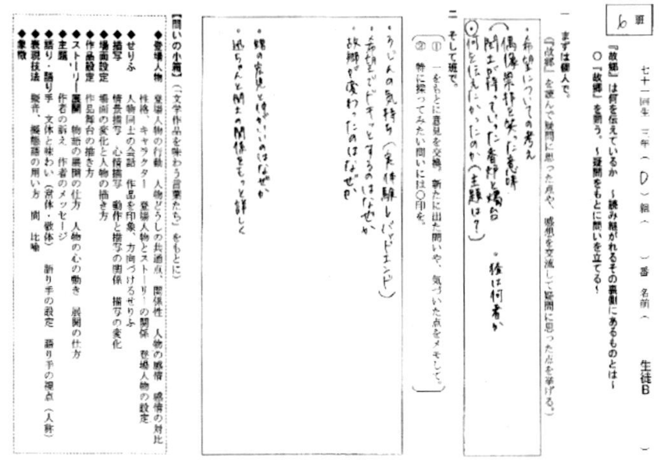
6 班
七十一回生　三年（D）組（　）番　名前（　生徒B　）
『故郷』は何を伝えているか　～読み継がれるその裏側にあるものとは～
〇『故郷』を問う。～疑問をもとに問いを立てる～
一　まずは個人で。
（『故郷』を読んで疑問に思った点や、感想を交流して疑問に思った点を挙げる。）
・希望についての考え
（偶像崇拝を笑った意味
閏土が持っていった香炉と燭台
⊙何を伝えたかったのか（主題は？）
・猹は何者か
二　そして班で。
（① 一をもとに意見を交換。新たに出た問いや、気づいた点をメモして。
② 特に探ってみたい問いには〇印を。）
・ろじんの気持ち（実体験[illegible]）
・希望でドキッとするのはなぜか
・故郷が変わったのはなぜか
・[illegible]のはなぜか
・迅ちゃんと閏土の関係をもっと詳しく
【問いの小箱】（「文学作品を味わう言葉たち」をもとに）
◆登場人物　登場人物の行動　人物どうしの共通点、関係性　人物の感情　感情の対比　性格、キャラクター　登場人物とストーリーの関係　登場人物の設定
◆せりふ　人物同士の会話　作品を印象、方向づけるせりふ
◆描写　情景描写　心情描写　動作と描写の関係　描写の変化
◆場面設定　場面の変化と人物の描き方
◆作品設定　作品舞台の描き方
◆ストーリー展開　物語の展開の仕方　人物の心の動き　展開の仕方
◆主題　作者の訴え　作者のメッセージ
◆語り・語り手　文体と味わい（常体・敬体）　語り手の設定　語り手の視点（人称）
◆表現技法　擬音、擬態語の用い方　喩　比喩
◆象徴

図5　【生徒B】第3時ワークシート

「希望についての考え」や「偶像崇拝を笑った意味」など、諸読の感想で疑問であった点をそのまま問いとして挙げている。さらに小グループで問いを決めていくなかで、「魯迅の気持ち」や「希望でドキッとするのはなぜか」と、作者や主題にせまるような問いを挙げており、最終的には班で追求する問いとして「何を伝えたかったのか（主題は？）」と、故郷とその主題性に決めている。

(3) 問いで読む、問いで深める『故郷』（第4～5時）

前時に班ごとに挙げた問いについて追及するために、その問いをどのような点から探るのかについて1～2点程度、方向づける観点を決めさせた。その上で、本文や資料集、また歴史背景について知るための補助資料として『魯迅——東アジアを生きる文学』（藤井省三）のなかから、父系性大家族についてや、魯迅の父母についての記述などを配布した。その上で、小グループ毎に意見交換をしながら、分かったことや考えたことなどを全体に伝え合うとした。各班の問いは、以下の通りである。

『故郷』は何を伝えているか　を探るための各班の問い

- ・「私」の暮らしについて
- ・「私」が今置かれている状況とは？
- ・迅ちゃんがお金があるのに不幸な理由。【生徒A】のグループ
- ・迅ちゃんと閏土の関係。・迅ちゃんと宏児がなぜこんなにも仲が良いのか。
- ・何が閏土を変えたのか。
- ・大人になって壁ができたのを分かっていながら、閏土は迅に会いたがっていたのか。
- ・身分によって壁があるこの世界で、楊おばさんが迅を抱けたのは？
- ・楊おばさんの行動と物語のつながり。
- ・故郷がこんなに変わってしまった理由は？【生徒B】グループ

【生徒A】

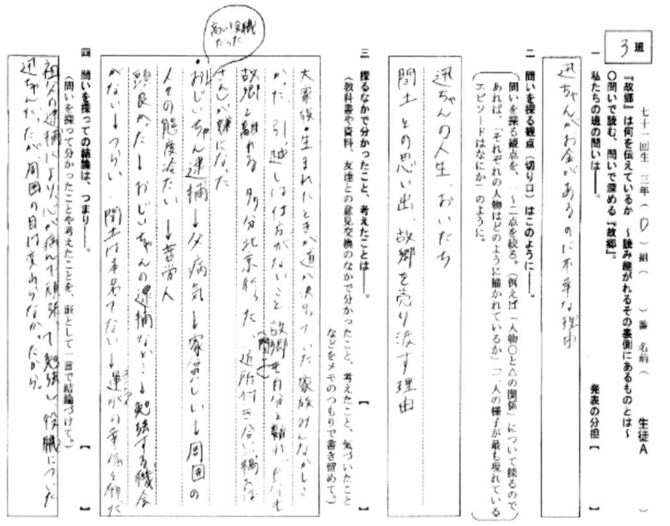

3班

七十一回生　三年（D）組（　）番　名前（　生徒A　）

『故郷』は何を伝えているか　～読み継がれるその裏側にあるものとは～

○問いで読む、問いで深める『故郷』。

一　私たちの班の問いは――。　発表の分担【　】

迅ちゃんがお金があるのに不幸な理由

二　問いを探る観点（切り口）はこのように――。

（問いを探る観点を、一～二点を絞る。（例えば「人物○と△の関係」について探るのであれば、「それぞれの人物はどのように描かれているか」「二人の様子が最も現れているエピソードはなにか」のように。）

迅ちゃんの人生、おいたち

閏土との思い出、故郷を売り渡す理由

三　探るなかで分かったこと、考えたことは――。【　】

（教科書や資料、友達との意見交換のなかで分かったこと、考えたこと、気づいたことなどをメモのつもりで書き留めて。）

大家族・生まれたときに道が決まっていた

・おじいちゃん逮捕↓父病気↓家貧しい↓周囲の人々の態度冷たい↓苦労人

四　問いを探っての結論は、つまり――。【　】

（問いを探って分かったことや考えたことを、班として一言で結論づけて。）

祖父の逮捕により父が病んで頑張って勉強し役職についた迅ちゃんだが周囲の目は変わらなかったから。

図６　【生徒A】第４時ワークシート

「迅ちゃん（私）がお金があるのに不幸な理由」について探る観点として、「迅ちゃんの人生、おいたち」や「閏土との思い出、故郷を売り渡す理由」を挙げている。その後、配布した魯迅の歴史背景にまつわる資料をもとに「大家族・生まれたときから道が決まっていた」や、魯迅の祖父の下獄のエピソードをもとにした「高い役職だったおじいちゃん逮捕→父病気」などを背景に想像しながら、変わってゆく自身の家と、周囲の目の関わりについて着目している。

【生徒Ｂ】

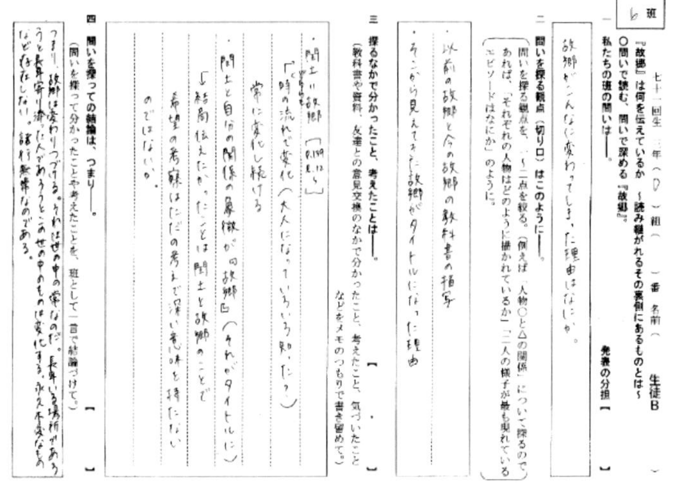
６班
七十一回生　三年（Ｄ）組（　）番　名前（生徒Ｂ）
『故郷』は何を伝えているか　～読み継がれるその裏側にあるものとは～
○問いで読む、問いで深める『故郷』。
一　私たちの班の問いは――。　発表の分担【　】
故郷がこんなに変わってしまった理由はなにか。
二　問いを探る観点（切り口）はこのように――。
（問いを探る観点を、一～二点を絞る。（例えば「人物○と△の関係」について探るのであれば、「それぞれの人物はどのように描かれているか」「二人の様子が最も現れているエピソードはなにか」のように。）
・以前の故郷と今の故郷の教科書の描写
・そこから見えてきた故郷がタイトルになった理由
三　探るなかで分かったこと、考えたことは――。【　・　】
（教科書や資料、友達との意見交換のなかで分かったこと、考えたこと、気づいたことなどをメモのつもりで書き留めて。）
・閏土＝故郷［P.149 L.12～］
「時の流れで変化（大人になっていろいろ知った）
常に変化し続ける
・閏土と自分の関係の象徴が『故郷』（それがタイトルに）
「結局伝えたかったことは閏土と故郷のことで
希望の考察はただの考えで深い意味を持たない
のではないか。
四　問いを探っての結論は、つまり――。【　】
（問いを探って分かったことや考えたことを、班として一言で結論づけて。）
つまり、故郷は変わりつづける。それは世の中の常なのだ。長年いる場所であろうと長年寄り添った人であろうとこの世の中のものは変化する。永久不変なものなど存在しない。諸行無常なのである。

図７　【生徒Ｂ】第４時ワークシート

「故郷がこんなに変わってしまった理由はなにか」を探るために、「以前の故郷と今の故郷の教科書の描写」「そこから見えてきた故郷がタイトルになった理由」を考察するという観点を設定している。

その中で「閏土も故郷もどちらも時の流れで変化し続ける」こと、「閏土と自分の関係の象徴が 故郷である」ことを述べ、「長年いる場所であろうと長年寄り添った人であろうとこの世のものは変化する。（中略）諸行無常なのである」と、私と閏土の変化を象徴する故郷の主題性について述べている。

(4) 私の『故郷』への思いは、心の中から消えてしまったのだろうか。（第６時）

ここまでの「問い」を通した読みの追求から一度離れて、前述したように、生徒たちにとって解釈しにくいと考えられる故郷』とは何かについて理解することとした。具体的には、小説『ふるさと銀河線』（高田郁）と、詩「第二の故郷」（室生犀星）を読み、そこに描かれている故郷の姿をもとにして、魯迅『故郷』のなかでの「私」の故郷への思いをもう一度言葉にすることとした。

	学習内容	学習活動	指導上の留意点　●評価
導入10	1）『故郷』における 疑問の追及	1）『故郷』を読む上で生じた疑問について調べたり考えたりしたことについて発表し合う。 （前時の発表の続き） 9班「身分の違いがありながら、楊おばさんが迅（私）を抱けた理由は？」 4班「迅（私）と宏児の中の良さ」 6班「故郷がこんなに変わってしまった理由は？」	○問いの考察を聞いて分かったことや気づいたことをメモさせる。 （意欲づけ・方向づけ）
展開30	**発問１　「だが名残惜しい気はしない」という描写があるが、私の故郷への思いは、心の中から消えてしまったのだろうか。**		
	2）「私」の思う 「故郷」の変化	2）「私」は、自らの故郷をどのように捉えているかについて考える。	○６班の発表における、「故郷への思いは変わってしまっている」という考察をもとに、「私」の思いを掘り下げるきっかけとさせる。
	3）他作品における 「故郷」の描かれ方	3）「ふるさと銀河線」（高田郁）「第二の故郷」（室生犀星）を読んで、故郷の描かれ方の違いを見つける。	○故郷を離れても変わらない思いがあることや、生まれた場所でなくとも故郷になりうることに気づかせる。
	4）「私」の故郷への思いの変化の追及	4）①「私」の故郷への思いは、心の中から消えてしまったのかについて自分の考えを書く。	○美しさの象徴である「故郷」への思いが変わることがあるのか。変わるとすれば、どのような思いが想像できるのかについて、他作品や本文の表現を根拠に記述させる。
		②班の仲間が「私」の故郷への思いをどのように考えのかについて、意見交流をする。	○友達の意見を聞きながら、「私」の故郷への思いを結論づけさせる。
まとめ10	5）「私」の故郷への思いとは	5）「私」の故郷への思いの変化について考えたことを発表する。	○友達の班は、「私」の故郷への思いをどのように捉えたのかについてメモさせる。

①本時のねらい

（ⅰ）他の文学作品における故郷の描かれ方を考察することを通じて、『故郷』のテーマ性について考える。

（ⅱ）「私」の故郷への思いの変化を、『故郷』のテーマ性から言葉にすることを通じて、「私」の生き方について考える。

【生徒Ａ】

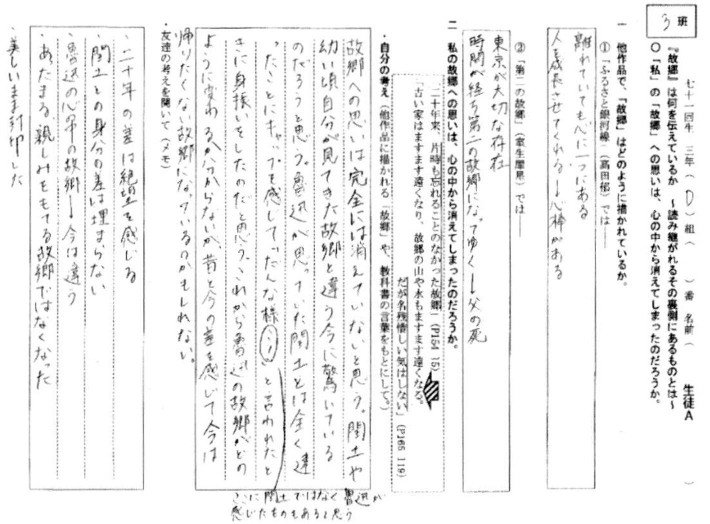
ろ班

七十一回生　三年（Ｄ）組（　）番　名前（　生徒Ａ　）

『故郷』は何を伝えているか　～読み継がれるその裏側にあるものとは～

○「私」の「故郷」への思いは、心の中から消えてしまったのだろうか。

一　他作品で、「故郷」はどのように描かれているか。

①「ふるさと銀河線」（高田郁）では――

離れていても心に一つにある
人を成長させてくれる→心棒がある

②「第二の故郷」（室生犀星）では――

東京が大切な存在
時間が経ち第二の故郷になってゆく→父の死

二　私の故郷への思いは、心の中から消えてしまったのだろうか。

「二十年来、片時も忘れることのなかった故郷」（P154 l5）
「古い家はますます遠くなり、故郷の山や水もますます遠くなる。だが名残惜しい気はしない」（P165 l19）

・自分の考え（他作品に描かれる「故郷」や、教科書の言葉をもとにして。）

故郷への思いは完全には消えていないと思う。閏土や幼い頃自分が見てきた故郷と違う今に驚いているのだろうと思う。魯迅が思っていた閏土とは全く違ったことにギャップを感じて「だんな様（へ）」と言われたときに身振いをしたのだと思う。これから魯迅の故郷がどのように変わるのかわからないが、昔と今の差を感じて今は帰りたくない故郷になっているのかもしれない。

ここに閏土ではなく魯迅が感じたものもあると思う

・友達の考えを聞いて（メモ）

、二十年の差は絶望を感じる
、閏土との身分の差は埋まらない
、魯迅の心中の故郷→今は違う
、あたたまる、親しみをもてる故郷ではなくなった
、美しいまま封印した

図８　【生徒Ａ】第６時ワークシート

まず、他作品で描かれている故郷について、「ふるさと銀河線」では、「離れていても一つにある。人を成長させてくれる→心棒がある」、また「第二の故郷」では、「東京が大切な存在。時間が経ち第二の故郷になっていく」と、故郷は「成長させてくれる」もの、「大切な存在」であると、その違いを端的に述べている。これをふまえて、「私の故郷への思いは、心の中から消えてしまったのだろうか」について次のように書いている。

故郷への思いは完全には消えていないと思う。閏土や幼い頃自分が見てきた故郷と違う今に驚いているのだろうと思う。魯迅が思ってい

た閏土とは全く違ったことにギャップを感じて「だんな様・・・」と言われたときに身震いをしたのだと思う。これから魯迅の故郷がどのように変わるか分からないが、昔と今の差を感じて今は帰りたくない故郷になっているのかもしれない。

「私」自身、故郷への思いは消えてはいないが、過去とのギャップに驚く様子に思いを重ねている。「私」のことを「魯迅が」と綴る記述もあり、語り手と同化して読んでいる様子もうかがえる。

【生徒B】

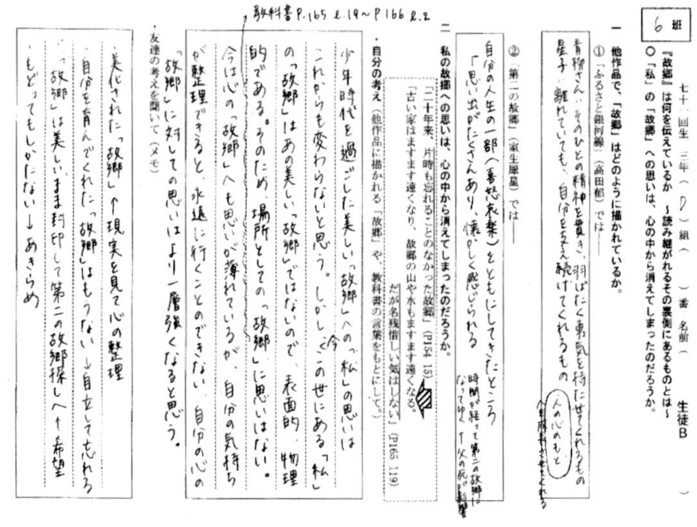
七十二回生 三年（D）組（ ）番 名前（ 生徒B ）

6班

『故郷』は何を伝えているか ～読み継がれるその裏側にあるものとは～

○「私」の「故郷」への思いは、心の中から消えてしまったのだろうか。

一 他作品で、「故郷」はどのように描かれているか。

①「ふるさと銀河線」（高田郁）では――

青柳さん：そのひとの精神を貫き、羽ばたく勇気を持たせてくれるもの

星子：離れていても、自分を支え続けてくれるもの　人の心のもと

②「第二の故郷」（室生犀星）では――

自分の人生の一部（喜怒哀楽）をともにしてきたところ

「思い出がたくさんあり、懐かしく感じられる

時間が経って第二の故郷になってゆく　父の死が影響

二 私の故郷への思いは、心の中から消えてしまったのだろうか。

「二十年来、片時も忘れることのなかった故郷」（P154 l5）

「古い家はますます遠くなり、故郷の山や水もますます遠くなる。だが名残惜しい気はしない」（P165 l19）

・自分の考え（他作品に描かれる「故郷」や、教科書の言葉をもとにして）

教科書P.165 l.19～P.166 l.2

少年時代を過ごした美しい「故郷」への「私」の思いはこれからも変わらないと思う。しかし、今この世にある「私」の「故郷」はあの美しい「故郷」ではないので、表面的、物理的である。そのため、場所としての「故郷」に思いはない。今は心の「故郷」へも思いが薄れているが、自分の気持ちが整理できると、永遠に行くことのできない、自分の心の「故郷」に対しての思いはより一層強くなると思う。

・友達の考えを聞いて（メモ）

・美化された「故郷」↑現実を見て心の整理

・自分を育んでくれた「故郷」はもうない↓自立して忘れる

・「故郷」は美しいまま封印して第二の故郷探しへ↑希望

・もどってもしかたない↓あきらめ

図9　【生徒B】第6時ワークシート

「ふるさと銀河線」では、「青柳さん：そのひとの精神を貫き、羽ばたく勇気を持たせてくれるもの。星子：離れていても、自分を支え続けてくれるもの。人の心のもと。」と綴り、青柳によって変わってゆく星子にとっての故郷について書いている。さらに、「第二の故郷」では、「自分の人生の一部（喜怒哀楽）をともにしてきたところ。思い出がたくさんあり、懐かしく感じられる」と書いている。「ふるさと銀河線」では、「自分を支え

続けてくれる」という表現をしていたが、この作品では「人生の一部」「懐かしく」と、故郷へのとらえの広がりが見える。

「私」の故郷への思いについては、次のように書いている。

> 少年時代を過ごした美しい故郷への「私」の思いは、これからも変わらないと思う。しかし、今この世にある「私」の「故郷」はあの美しい「故郷」ではないので、表面的、物理的である。そのため、場所としての「故郷」に思いはない。今は心の「故郷」へも思いが薄れているが、自分の気持ちが整理できると、永遠に行くことのできない、自分の心の「故郷」に対しての思いはより一層強くなると思う。

「私」にとっての変化した故郷は、「表面的・物理的」という言葉で、もはや「故郷」ではないと綴っている。さらに、思いの薄れについて触れながらも、「永遠」に離れてしまうことでの、故郷への思いの強さについて綴っている。

(5)『故郷』は何を伝えているのか。（第７時）

学習のまとめとして、『故郷』が読み継がれる理由について考え、友達と意見交流をして単元を閉じた。

【生徒Ａ】

戦後すぐにこの本が教科書に載ったという理由は、壊された故郷の思い出が関係していると思う。戦争によって懐かしい、あったかい故郷がなくなった人たちにとって、P.167の「まどろみかけた〜」の最後の文章は当時の人たちの心の強く響いたのだと思う。また、現代の私たちにも故郷がなくなっても（自分がみてきた故郷ではなくても）大丈夫、きっと故郷は

図10　【生徒Ａ】第７時　ノート

心の中にいるということを教えてくれているのではないだろうか。

初読の段階では、「私」と閏土との出会いやその後の関係の変化、貧富の差などに着目していた。その後、「私」が不幸な理由について、祖父の下獄を例に挙げながら読みを進めていた。

また他作品を読むことで、故郷を成長させてくれる場、大切な存在としてとらえながら、『故郷』が戦後間もないことから教科書に掲載されていることに触れ、「きっと故郷は心の中にいる」と、どんなに形が変わろうとも、心の中では生き続けていくものという考えで締めくくっている。

【生徒B】

『故郷』は、「私」の故郷への思いの変化や成長を時の流れとともにつづっている。はじめて読んだときは寂しさや暗さしか感じなかったが、深く読みこんでいくにつれ、人と故郷の関係性について生々しく書かれていると思うようになった。人の心の支えになってくれる故郷、現実を教えてくれる故郷、現実を教えてくれる故郷、次の一歩を踏み出す勇気をくれる故郷…。そんな故郷の姿から故郷とは何かについて考えさせられる。

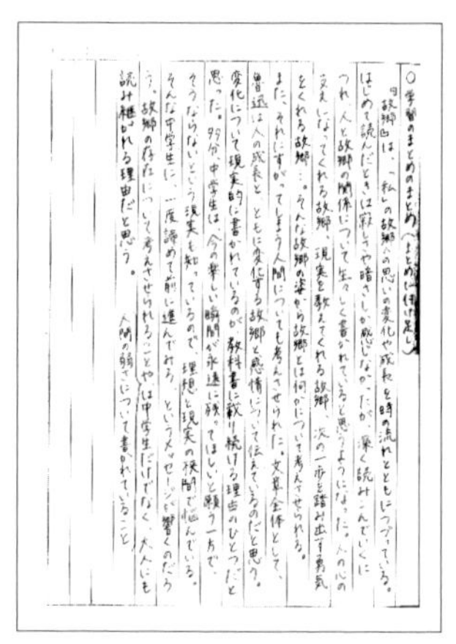

図11 【生徒B】第7時 ノート

また、それにすがってしまう人間についても考えさせられた。文章全体として、魯迅は人の成長と、ともに変化する故郷と、感情について伝えているのだと思う。変化について現実的に書かれているのが、教科書に載り続ける理由のひとつだと思った。多分、中学生は、今の楽しい瞬間が永遠に残ってほしいと願う一方で、そうならないという現実も知っているので、理想と現実の狭間で悩んでいる。そんな中学生に、一度諦めて前に進んでみろ、というメッセージが響くのだろう。故郷の存在について考えさせられることや、人間の弱さについて書かれていることは中学生だけでなく、大人にも読み継がれる理由だと思う。

初読の段階から、「故郷を離れるのに名残惜しい気すらしないというのを想像するだけで苦しくなった」と述べているように、自身のなかにある一定の故郷へのイメージがあり、それと重ねながら私の心情を想像する様子があった。

その後、「(『故郷』は) 何を伝えたかったのか？(主題) という問いの設定のもと、描写の考察を通して、「長年いる場所であろうと長年寄り添った人であろうとこの世のものは変化する」と、「私」の姿から広く人間に間口を広げて考える姿がある。

さらに他作品における故郷の描かれ方については、「人の心のもと」「人生の一部」といった、それぞれの人物における故郷とは何か、という点を追求して記している。加えてこのまとめ段階では、「人と故郷の関係性について生々しく書かれていると思うようになった」と綴っており、自身がもっていた故郷のイメージをもとにしながら、主題を追求する姿が見える。

7　成果と課題

本実践は、中学生にとってとらえにくい故郷をどのようにとらえさせるかという点に重点を置いて『故郷』を読むとした。それは「歴史と社会」という視点のなかで、特に社会へ向けさせるものとした。

またこれらを達成するために、『故郷』が読み継がれる背景を探る上で、生徒自身の「読み」のなかで生まれる問いを探求するという学習方法を用いた。

ここまで、２人の生徒の学びの様子を考察することを通して見えてきた点について述べる。

まず、とらえにくい故郷を、故郷を取り上げた他作品と重ねて読むという取り組みについてである。上述したように、それぞれの生徒に故郷についてもつイメージは異なるが、様々な視点で描かれた故郷を取り上げた作品を読み、そこでの人物と故郷との関わりについて考えていくなかで、少なからず故郷というものへのとらえ方が、『故郷』の読みに生かされているという点である。生徒によって、そのとらえ方や生かされ方は異なるとしても、故郷とは何か、という理解を手助けする方法としては、故郷を取り上げた作品を重ねて読むことは有効であると考えられる。

今回は『故郷』の読解を進めるなかで、単元の後半で他作品を読む活動を取り入れたが、『故郷』を読む前に読むという方法も考えられたかも知れない。

また、「歴史と社会」という視点のなかで、特に社会を取り上げたが、「歴史」という視点からも『故郷』を読む必要があったという点である。

「私」が不幸である理由を探るなかで、魯迅の祖父の事実を背景に読みを進める生徒がいたように、作品そのものの抽象性から、当時の中国の家族制など、想像を広げるための情報として歴史背景に目をむけさせることは、やはり必要である。この点から考えると、これまで多くの実践がなされて来たように、特に今回のような、問いを探求するような読みの方法の場合は、教師の側で歴史背景と関わる関連図書を用意するようなことも必要であったかも知れない。

藤井[13]が「何事も順調に進むわけではなく、迷ったり悩んだりする中で人は成長していくんだ」と述べていたが、この点に気づいている生徒も多い。これだけ長くの間教科書に掲載され続けている『故郷』を読む方法一つとして、その背景を探るという問いを立てて探求する学びのあり方の可能性が見えた。

【参考文献】

石野訓利『文芸研の授業12　文芸教材編『故郷』の授業』（明治図書、2006）

藤井省三『魯迅と日本文学』（東京大学出版会、2015）

澤本和子『教材再研究　循環し発展する教材研究』（東洋館出版社、2011）

---

[13] 注8に同じ。

「歴史と社会」実践編

歴史的事象を踏まえて読解する
——高校3年　森鷗外「舞姫」——

日渡　正行

0. はじめに

国語の学習材としての「文学」を通して学ぶことは、自分の価値観の相対化である。高校生の段階になると、視野も広がりさまざまな体験をしてきて、その体験と自分自身とを結びつけることができるようになってきている。また、さまざまな教科で自然科学・社会科学の視点から、現実の世界の新鮮な驚異を学んでいる。さらに、文学作品もさまざまにある中で、教科書に現れる「自分で読もうと思ったものではない作品」に取り組まなければいけない。文学学習材に疑問を投げかけ、意義を見失う生徒もいるだろうと思う。しかし、時代背景や価値観が「自分」と異なる作品に触れることは、自分の価値観の絶対性を揺らがせ、別の視点・観点で物事を捉えるきっかけを与えてくれるはずである。ある作品の歴史的背景を知り、その異質性を意識して読むことは、生徒自身の自己把握や現代に生きるヒントを与えてくれるきっかけになる、と考えている。

1. 対象　3年生三クラス（一クラス40名・男女同数が基本）
2. 単元名　森鷗外「舞姫」を歴史的事象を踏まえて読解する
3. 教材　北原保雄『現代文B 改訂版　下巻』大修館書店、2018年
4. 単元の目標　森鷗外「舞姫」を読解する。作者を切り離してテクストのみで読むことと、明治という時代を踏まえて読むことを比較する。読解の変化を通して、作者と作品・歴史的背景とテーマ等の関係を学ぶ。

5. 単元設定の理由

(1) 生徒たちの実態および本単元に至るまでの学習

生徒たちは、小説、評論、詩歌等、様々な文章を読んできている。文章に基づき考えたり、自分の考えを表現したりすることについて、積極的に取り組むことができる生徒も多い。ただし、考えを深めていくことにつながることは稀で、生徒同士の意見も交流も表面的な思いつきの表出に終わってしまうことがほとんどである。生徒たち自身が深めるための手法を持っていないためであり、生徒も教員ももどかしい思いを抱えている。文学理論を活かせば必ず「深く」なるとも言い難いが、一つの軸や気づきを示すことができるのではないか。

これまで、芥川龍之介「羅生門」、中島敦「山月記」、夏目漱石「こころ」では作者と作品の距離感をつかみ、その上で、テクストと虚構について学んできた。作者・テクスト・虚構といったキーワードにも触れつつ、「舞姫」では歴史的事象を知り、背景と読解を結びつけることを学んでいく。

(2) 単元設定のねらい

「舞姫」を題材にして、「テクストの歴史性／歴史のテクスト性」という観点を身につける。

> 新歴史主義においては、テクストは個々の時代の歴史を反映するとともに（テクストの歴史性）、歴史そのものも歴史主義の言う客観的で確固とした事実である史実ではなく、語り手によって再編されるテクストとされる（歴史のテクスト性）。
>
> （西田谷洋『学びのエクササイズ　文学理論』ひつじ書房、2014）

「舞姫」の背景にある近代社会の現実について理解を深めつつ、鷗外がそのように描くことでどのような近代像が提示されていったかを理解し、作品を読み解いてもらいたい。

「舞姫」で扱うことができる観点はこれまでに積み重ねてきたものと重

なる部分も多い。豊太郎の趣向という形で語られるこの作品は、「作者（語り手）」の問題をおさえるべきであるし、主人公・豊太郎と作者・森鷗外の関係は「テクストと虚構」の観点を持って読み解かなければならないだろう。高校三年を対象とする「舞姫」では、そのような観点を踏まえながら、「歴史と社会」という観点も持ち込んで考えていくことになる。

私の想定としては、太田豊太郎を「日本近代の表れ」と見る。そして豊太郎を真ん中において、相沢謙吉とエリスもまたそれぞれの近代の特徴を示す存在である。相沢謙吉は近代の合理性や国家を表し、エリスは近代の個人を表す。そのどちらか一方のみを選びとれないところに豊太郎は位置付けられる。（国家と個人の対立、明治日本によって抑圧される豊太郎、で終わらないように注意して導いていく必要がある。）「舞姫」が当時の状況を表していたことを知るとともに、このような作品があることで、当時の人たちも自分たちの「近代」というものを認識していったことを、生徒たちに理解してもらいたい。

また、そのような「舞姫」の読解を通して歴史的視点を理解することは、価値観の相対化につながる。「今、ここ」で起きていることはまさに自分に近いものとして体感できている。しかし、近いがゆえに、自分自身の常識や思い込みに縛られたとしてもわからない。と言って、意識すれば客観的に自分や自分たちを眺めることができるようになるわけではない。比較対象としての別の価値観を認識することで、現在の自分たちを観るきっかけがつかめるのではないか。「舞姫」の歴史性を過去のものと捉えつつ、自分ごととして取り込んでいくような授業を目指したい。

6. 指導計画

(1) 単元計画

第 1 時間目　構造の確認　「豊大郎の手記」という語られ方

作者（語り手） ＋ **テクストと虚構**

第 2 時間目　豊太郎の生い立ち～留学、ベルリンでの生活

テクストと虚構

第 3 時間目　エリスとの出会い
第 4 時間目　相沢謙吉とエリス
第 5 時間目　離別と帰郷
第 6 時間目　ストーリーの確認と別の結末の可能性について
第 7 時間目　明治の留学、当時のベルリン　**歴史と社会**
第 8 時間目　太田豊太郎と近代の特徴について　**歴史と社会**
第 9 時間目　ストーリーの確認と別の結末の可能性について　**歴史と社会**
第10時間目　全体の総括

高校で取り扱った文学理論を確認し、その後、まずは人物と筋を読み取る。1時間目、本文に入る前に、「森鷗外」と「太田豊太郎」の間の距離を明確にしつつ、語り手と、回想という形式について振り返る。2時間目～5時間目で本文を読み進める。

ストーリーを学級全体で共有した上で、その段階での読解をする。6時間目に、物語の展開はすでに定まっているとは言え、もしも『舞姫』の結末を変えることができたとしたら、どのような可能性があるか考える。その過程で、豊太郎を取り巻く環境について、重要な点をおさえる。

歴史的背景を知識として確認した後、読みの変化があるかどうか考える。6時間目の考えを受けて、7時間目～8時間目は、当時の状況を踏まえて、豊太郎の立場を考える。9時間目に、6時間目と同様の問いをもう一度考え、明治時代と現代とで共通や相違を探る。10時間目に全体をまとめる。

(2) 各時間の学習

第1時間目　構造の確認　「豊大郎の手記」という語られ方

作者（語り手） ＋ **テクストと虚構**

①本時のねらい

・作者、森鷗外のことを確認する。
・回想したものを手記として書いていることを確認する。
・作者と物語の中の人物とを明確に区別する。

②評価規準

・作者と語り手の関係について理解している。（知識・技能）

・冒頭のシーンを読み取っている。（読むこと）

・作品および作家に対して興味関心を持っている。（興味・関心）

③本時の授業展開

時間		学習活動	指導上の留意点	評価基準との関連
5	導入	作者である森鷗外について確認する。	森鷗外について、イメージを出させる。「明治」というキーワードを明確にしておく。	興味・関心
20	展開１	作品内の「現在」を確認する。 「余」が回想を書いていることを読み、「余」が消すに消せない「恨み」を抱えていることを意識する。	文語文のとりつきにくさに注意しながら、「現在」の状況を確認する。特に、「五年前」と「現在」の時間の流れと、日本とドイツの往復という空間の移動について。	読むこと
20	展開２	「余」＝「太田豊太郎」の生い立ちと、ベルリン留学までの流れを確認する。作者、森鷗外との共通点・相違点をおさえる。	『舞姫』という小説と、太田豊太郎が書いている手記は重なるところもありながら、違うものであることを確認させる。ここでは特に、鷗外と豊太郎を重ね合わせず、フィクションとして読んでいくことを明確にする。	読むこと 知識・技能
5	まとめ	回想の形式、鷗外と「豊太郎」の関係を確認する。	テーマについて考察することになるが、次の時間から、まず、ストーリーを見ていくことを確認。	興味・関心

第２時間目　豊太郎の生い立ち〜留学、ベルリンでの生活

テクストと虚構

①本時のねらい

・「豊太郎」の状況を理解する。生い立ちからベルリン留学後、三年間の歩みをおさえる。

・「豊太郎」の性格を理解する。

②評価規準

・留学中の「豊太郎」の状況と性格を読み取っている。（読むこと）

・作品に対して興味関心を持っている。（興味・関心）

③本時の授業展開

時間		学習活動	指導上の留意点	評価基準との関連
5	導入	前回の授業を確認する。	「現在」の「豊太郎」と、「過去」の生い立ちをもう確認する。	興味・関心
20	展開1	留学前の状況と、三年後の状況を読み取る。	「豊太郎」の思いはこの後に読み取ることにして、まずは何が起こっているのかを確認する。特に、現代の留学のイメージとは異なっていることをおさえさせる。	読むこと
20	展開2	留学直後〜三年後における「豊太郎」の変化を読み取る。	立身出世への思いからまことの我の目覚めについて考えさせる。また、「官長」「留学生仲間」との人間関係について考えさせる。	読むこと
5	まとめ	「豊太郎」は何回も変化していることを確認する。	「旧藩」から「大学」の頃、「某省」から留学初期、三年後。その後も変化を続けることを意識させる。	興味・関心

第3時間目　エリスとの出会い

①本時のねらい

・「豊太郎」の状況を理解する。「エリス」との出会いと、それによる状況の変化をおさえる。

・日本に帰らないことを決めた、「豊太郎」の思いを読み取る。

②評価規準

・「エリス」との出会いの中で変わっていく豊太郎の状況を読み取っている。（読むこと）

・作品に対して興味関心を持っている。（興味・関心）

③本時の授業展開

時間		学習活動	指導上の留意点	評価基準との関連
5	導入	前回の授業を確認する。	「官長」「留学生仲間」との不和を確認する。	興味・関心

20	展開1	「エリス」との出会いを読み取る。「エリス」を助け他ところで、これまでの「豊太郎」の人間関係を再確認し、どのような結果につながったか、確認する。	「エリス」との出会い、その苦境について理解させる。なぜ母親と喧嘩をしたのか、「シャウムベルヒ」の「身勝手なる言ひかけ」を確認する。そして、エリスを助けたことと「官長」「留学生仲間」の不和とがあいまって、「豊太郎」の立場が失われてしまったことを読み取らせる。	読むこと
20	展開2	「豊太郎」の母の死と、その後の「豊太郎」と「エリス」の関係の変化を読み取る。	免官解職よりも、母の死に衝撃を受けていることを意識させ、母の自筆の手紙の内容について考えさえる。また、この母の死の衝撃によって、「エリス」との関係が変化したことを読み取らせる。	読むこと
5	まとめ	「エリス」との出会いによって、それぞれの運命が変わっていくことを確認する。	ドイツ残留を思う「豊太郎」を助けたのが、「エリス」と「相沢謙吉」であることにも触れ、次回は「相沢謙吉」の動きに注目することを伝える。	興味・関心

第4時間目　相沢謙吉とエリス

①本時のねらい

- 「豊太郎」の変化について理解する。
- 「相沢謙吉」が「豊太郎」をどう助けようとしているか理解する。
- 「エリス」「相沢」「豊太郎」の関係を理解する。

②評価規準

- 登場人物の人間関係やそれぞれの思いを理解している。（読むこと）
- 作品に対して興味関心を持っている。（興味・関心）

③本時の授業展開

時間		学習活動	指導上の留意点	評価基準との関連
5	導入	前回の授業を確認する。	「豊太郎」の免官解職、「豊太郎」と「エリス」の関係の変化など、ストーリーを振り返る。これまでの「豊太郎」の変化についても触れる。	興味・関心

20	展開1	「豊太郎」の変化をおさえる。「相沢」との再会と助言について読み取る。	「豊太郎」がまた変化することを確認する。「エリス」の不調、先行きの不透明さを押さえたうえで、「相沢」の助言をどう受け取っているか、考えさせる。また、「相沢」の期待に応えるだけの能力を持っていることも確認する。	読むこと
20	展開2	ロシア行きと「エリス」からの手紙で、「豊太郎」が自分の立場を自覚したことをおさえる。	ロシアでの活躍と、「天方大臣」の信頼について確認する。「豊太郎」は留学生という身分を剥奪されて、そこで得た見識が認められていったということを確認する。	読むこと
5	まとめ	「エリス」と「豊太郎」、「相沢」と「豊太郎」の関係がずれていることを確認する。	ここではまだ「エリス」と「相沢」に接点はないが、「豊太郎」を中心に関係を作っていることを意識させる。	興味・関心

第5時間目　離別と帰郷

①本時のねらい

・「舞姫」の結末を理解し、冒頭部分とのつながりを読み取る。

・「太田豊太郎の手記」が書かれた理由について考える。

②評価規準

・「舞姫」の結末を理解する。(読むこと)

・「豊太郎の手記」が書かれた理由について、話し合って自分の考えを持っている。(読むこと)(話すこと・聞くこと)

・作品に対して興味関心を持っている。(興味・関心)

③本時の授業展開

時間		学習活動	指導上の留意点	評価基準との関連
5	導入	前回の授業を確認する。	「豊太郎」の自己認識、現状を確認する。	興味・関心
20	展開1	「豊太郎」の帰郷をめぐり、「相沢」が「エリス」に状況を伝えたため、「エリス」は発狂することを読み取る。	「豊太郎」が積極的に「エリス」を騙していたわけではないことを確認する。と言って、全てを言えていたわけでもない。ただし、それは「相沢」に対しても同様である。単純に「豊太郎」が騙した、と理解されないようにする。	読むこと

20	展開２	結末まで読み進めたうえで、冒頭の「現在」も確認する。この手記は何のために書かれたのか、話しあって考える。 話し合いの結果を発表する。	「恨み」「憎む心」というキーワードをおさえつつ、「豊太郎」の心情について考えさせる。うっかりすると「豊太郎」の言い訳や身勝手さばかりが前面に出てしまうが、それも含めて、「現在の豊太郎」について考えさせる。	読むこと 話すこと・聞くこと
5	まとめ	ストーリー全体を見直す。	全体をもう一度見直す。特に、豊太郎の変化についておさえさせる。	興味・関心

第６時間目　ストーリーの確認と別の結末の可能性について

①本時のねらい

・筋の流れや登場人物について理解したうえで、現代的視点から物語を読解する。

・物語を理解し想像力を働かせ、他の可能性について考える。

②評価規準

・「舞姫」の全体像を把握している。（読むこと）

・「舞姫」の登場人物たちの可能性について、話し合う。（話すこと・聞くこと）

・作品に対して興味関心を持っている。（興味・関心）

③本時の授業展開

時間		学習活動	指導上の留意点	評価基準との関連
5	導入	前回の授業を確認する。	「豊太郎」の免官解職、「豊太郎」と「エリス」の関係の変化など、ストーリーを振り返る。これまでの「豊太郎」の変化についても触れる。	興味・関心
30	展開１	グループを作り、「舞姫」の「別な結末」について考える。	出発点は「この悲劇的結末の回避」とする。８グループほどにわけ、ランダムで「エリス」「豊太郎」「相沢」について考えさせる。 精神を病みドイツに残された「エリス」は最も不幸であると言えるが、「豊太郎」と出会わなければ、「シャウムベルヒ」がもたらす不幸にさらされていたはずである。	読むこと 話すこと・聞くこと

30	展開１		「豊太郎」は不幸であるとともに、それらを何とかできた存在である。「エリス」との出会いがなければどうなっていたかも含めて、考えさせる。 「豊太郎」を帰国させることに成功した「相沢」も、せっかくの行動が「憎む心」に結びついてしまっていることに着目させる。 それらの人物について考えたうえで、どうすればその不幸を回避できたのか、その可能性を示してもらう。	
10	展開２	グループでの話し合いの結果を発表する。	おそらく、豊太郎の行動を変えるという提案が多いだろうと予想される。この段階ではそれで構わない。	
5	まとめ	発表内容の確認をする。	発表内容を確認するとともに、この後、歴史的背景を学ぶことを告げる。	

第７時間目　明治の留学、当時のベルリン　歴史と社会

①本時のねらい

・当時の留学生やベルリンの状況を学び、作品の読解につなげる。

・前回の発表を振り返り、自分たちの読みと当時の状況を学んだうえでの読みを比較する。

②評価規準

・当時の状況について読む。（読むこと）

・自分たちの読みを相対化し、無意識に自分たちの価値観で読んでいることを自覚する。（読むこと）

・作品に対して興味関心を持っている。（興味・関心）

③本時の授業展開

時間		学習活動	指導上の留意点	評価基準との関連
5	導入	前回の授業を確認する。	前回の「可能性」について、確認する。その可能性が妥当なものか、時代を越えて可能なことか。歴史的な背景によって、物語が限定されいることを学ばせる。	興味・関心
20	展開１	「豊太郎」の立場について確認する。「豊太郎」と「留学生仲間」と当時の留学生たちを比較し、共通点と相違点をまとめる。	当時の明治政府の思惑や、留学生の実態について、追加の資料を読解する。留学生たちがどのようなかたちで、何を期待しどのように期待されてヨーロッパに来ていたのかを知る。	読むこと
20	展開２	「豊太郎」が学んだヨーロッパの教育や思潮を確認する。	当時のヨーロッパの教育や思潮について確認する。「豊太郎」が触れたであろう「自由の風」について学び、「豊太郎」の変化を再認識する。他の留学生との違い、明治の日本とヨーロッパの違いとを考える。	読むこと
5	まとめ	前回の発表内容を振り返り、当時の視点から見た場合について考える。	歴史的背景がいかに作品に影響を与えているかを確認する。	読むこと 興味・関心

第８時間目　太田豊太郎と近代の特徴について　歴史と社会

①本時のねらい

・作品のテーマについて考える。

・作品が時代の認識を作っていった可能性について考える。

「豊太郎」

②評価規準

歴史的背景を踏まえて、テーマを考えている。（読むこと、話すこと・聞くこと）

作品のテーマを考える話し合いに参加している。（話すこと・聞くこと）

・作品に対して興味関心を持っている。（興味・関心）

③本時の授業展開

時間		学習活動	指導上の留意点	評価基準との関連
5	導入	前回の授業を確認する。	歴史的背景や事実の確認をする。	興味・関心
25	展開1	「舞姫」のテーマを考える。ストーリーや登場人物の境遇だけでなく、明治という時代をどのように描いたかを踏まえて考える。グループでテーマを話し合う。	「豊太郎」は、悩み多き一人の人間であったが、この人物を「明治という時代」の象徴であると考える。 近代の特徴を、「理性」を認めることから始まる「個人主義」と「合理主義」の組み合わせであると捉える。個人を重視していけば「エリス」とともに歩む道もあったかもしれないし、合理、というよりは国家のシステムに組み込まれる道を選べば、「相沢」の言に積極的に従えばよかったはずである。しかしながら、「豊太郎」はどちらも選ぶことができていない。このことを基本に、この作品のテーマについて考えさせる。 明確でなくても、根拠を示すことを徹底する。	読むこと 話すこと・聞くこと
10	展開2	グループでの話し合いの結果を発表する。	作品のテーマについて発表させる。歴史的背景を踏まえているかどうかを見つつ、それを超えた現代的な視点もありうることを確認する。	話すこと・聞くこと
10	まとめ	「舞姫」のテーマをまとめる。	「近代」の矛盾と課題を表現したものという方向性を目指しながらも、生徒の考えに任せるところもある。	興味・関心

第9時間目　ストーリーの確認と別の結末の可能性について　歴史と社会

①本時のねらい

・筋の流れや登場人物について理解したうえで、歴史的背景を踏まえて物語を読解する。

・物語を理解し想像力を働かせ、他の可能性について考える。

・第６時間目と同じ活動を行い、歴史的背景を知ることで変容があったかを考える。

②評価規準

・「舞姫」の全体像と歴史的背景を把握している。(読むこと)

・「舞姫」の登場人物たちの可能性について、話し合う。(話すこと・聞くこと)

・作品に対して興味関心を持っている。(興味・関心)

③本時の授業展開

時間		学習活動	指導上の留意点	評価基準との関連
5	導入	前回の授業を確認する。	歴史的背景を踏まえたテーマについて振り返る。	興味・関心
15	展開１	グループを作り、「舞姫」の「別な結末」について考える。	「別な結末」を考えることでテーマが変わってしまうかどうかを確認する。「豊太郎」が明治という時代を表しているのであれば、その決断は明治の捉え方そのものを示している。日本に帰国せず、「エリス」とともに生きる「豊太郎」を想像することは可能であるが、そのようにして国家から離れることは何を意味するのか（個人としてではなく、作品が持つ批評性はどうなるのか。日本という束縛を離れ、完全にヨーロッパの一員になる……といったことを考える）。	読むこと 話すこと・聞くこと
20	展開２	グループでの話し合いの結果を発表する。	「別な結末」によってテーマは変わるのかどうかを確認する。歴史的な背景を踏まえた、という限定されたテーマにする必要はなく、別の視点からテーマを考えてもいいことを伝える。	話すこと・聞くこと

10	まとめ	発表内容の確認をし、変容を確認する。	第6時間目と今回とで、クラスや個人での変化がなかったかどうかを確認する。	興味・関心

第10時間目　全体の総括

①本時のねらい

・「舞姫」全体を確認する。

・小説と歴史の関係について理解する。

・語り手、枠組み、歴史と社会など、文学理論について振り返る。

②評価規準

・「舞姫」の全体像を把握している。（読むこと）

・作品に対して興味関心を持っている。（興味・関心）

③本時の授業展開

時間		学習活動	指導上の留意点	評価基準との関連
5	導入	これまでの授業を振り返る。	「舞姫」の授業で扱ったことを振り返る。	興味・関心
20	展開1	テーマや別な結末について振り返り、「舞姫」の読後の感想を確認する。	テーマや歴史的背景などを扱ってはきたが、最終的には手記の書き手である「豊太郎」や、悲劇的結末を迎えた「エリス」についてどう思ったかも確認しておく必要はある。	読むこと 興味・関心
20	展開2	「舞姫」で扱ってきた文学理論について確認する。	語り手、枠組み、歴史的背景など、「舞姫」を通して学んだことを確認する。また、それらを利用して小説の読みを広げていくことを伝える。	興味・関心
5	まとめ	「舞姫」全体を総括する。	「舞姫」全体を総括させる。	興味・関心

7. 授業後の展開

1　期末考査

授業後に、1学期期末考査で「舞姫」を出題した。その中で、以下のような問いに答えてもらった。

問　今の高校生が「舞姫」を読むことの意義を、あなたはどのように考え

るか。作品発表当時の時代背景と現代社会を比較しながら一六〇～二〇〇字で述べなさい。

「採点・評価」としては、「読むことの意義を明確にしている」「当時と現代の比較をしている」「『舞姫』の内容についての言及がある」「表記的な間違いがない」という観点で見ている。内容の深さや生徒本人の独創性などは評価していない。試験として出題者の意図に誘導されている面はあるかもしれないが、この問いで示された答えを例として、授業のねらいが達成されたかを見ておきたい。

・明治時代は西洋の文化を取り入れて日本を発展させようとする文明開化の時代であったので、海外と日本の間に揺れ動く日本人は多かったのだと思う。また、豊太郎のように主体性が失われた若者というのは現代に通じる部分もある。今年度から成人年齢が十八歳に引き上げられたことで多くの若者たちが選挙権を手に入れたが、投票する意志のある若者は少ない。自分の意志を見失い社会にもまれてしまう若者がこの話を教訓にして学ぶべきだと思う。

明治と現代を比較しつつ記述してくれている。そして「意志の弱さ」という共通点を見出し、「舞姫」を読む意義を教訓というかたちで説明している。水準以上の回答であるとは思うが、「教訓」とまとめてしまうことで、価値観の相対化という観点には至っていない。

・発表時の時代背景を考えると、この作品はエリスを個人の自由な心、相沢らが社会的規律性に従おうとする心の暗示であり規律遵守と自我の尊重という二つの心の争いという、当時人らの中で目覚め始めていたものを象徴していたと言える。一方現代でも、社会のルールに抑圧された心と自由になろうとする心の対立は起こりうるため、この作品を読んで、どちらが自分にとって重要かを考え直せるのがこれを読む意義だと考えている。

こちらの記述は、授業で取り扱った内容を踏まえながら（エリス・相沢が「心」の象徴）、自身の価値観を見つめ直すことに意義を見出しており、期末考査のためか独創性は不足しているが、授業者の考えた方向性に近い説明をしてくれている。

・舞姫は、読まれる時代によって、読書のこの作品にたいする考え方が変わってくることが面白い点である。例えば発表当時は豊太郎の境遇を理解することができる読者が多数だと思われる一方、現代ではエリスを置いて日本へ帰る以外の選択肢もあると感じる人が多くいると思うので、豊太郎を批判的に捉える人が多数派を占めるかもしれない。このように、時代ごとに登場人物にたいする捉え方が変わってくるところにこの作品の良さがあり、読む意義があると感じた。

授業での活動などを通して得られた実感から、読む意義を考えている。キーワードとしてそのまま使われているわけではないが、価値観の相対化という観点に向かっている記述である。ここを起点にして「捉え方が変わってくること」

ここで挙げたのは、一定水準以上で書くことができているものであったが、多くの生徒が授業での学習を踏まえつつ、明治時代と現代とを比較して論じることができており、「歴史的な事象を踏まえての読み」は実践できていたと感じている。

2　授業後の感想

1学期に行った「舞姫」の授業について、2学期のはじめに振り返ってもらい、Googleフォームで答えてもらっている。任意での提出で、96名の生徒から回答があった。

1-1　「舞姫」を通して「歴史的な事柄」を学びましたか？
歴史的な事項を学んだ　　74名（77.1%）1-2に進む

歴史的な事項は学ばなかった　22名（22.9%）　3に進む。

1-2「舞姫」を通して学んだ「歴史的な事柄」を説明してください。
自由記述。2-1に進む

2-1　1-2で説明したことによって、「舞姫」の理解は変わりましたか？
変わった33（44.6%）　2-2に進む
変わらなかった41（55.4%）3に進む

2-2　どのような変化だったのか、説明してくだい。
自由記述。3に進む。

3「舞姫」における「歴史と小説の関係」について、思ったことを自由に書いてください。
自由記述。

答えてくれた時点で、「舞姫」の授業に意欲的に取り組んでいた生徒であると思われるが、それでも「歴史的な事柄は学ばなかった」22.9%となっている。もちろん、もともと明治時代に詳しかった場合、学ぶことはない、という流れにもなるとは思うが、もう少し「学んだ」生徒を増やす必要はあるだろう。

学んだ「歴史的な事項」については、以下のような記述があった。

・明治時代初期の日本は、ヨーロッパの国々と比べて非常に劣っていた。ドイツに渡る前の豊太郎は、国家の命運を背負いながら母親や上司の期待に応えるために生きていたが、近代化の進んだドイツに渡ったことでエリスという女性を愛し、自我が目覚めたことも当時の日本の背景を表していると思った。
・当時のドイツは日本よりも進んだ国で、日本はドイツを欧米諸国、あるいは列強として憧憬していたイメージだった。だが作品を通して、進んだ国とされるドイツ、都のベルリンでさえエリス一家のような貧困層も居住していた、完璧な先進国ドイツが完成されていたわけではないということを学んだ。

・国家の近代化を国全体で進めていく中で、多くの若者が「国のために国を背負って行動する」ことをあたかも自分自身の自我であるかのように思い込んでしまっていたという印象を強く受けた。作品内でも、豊太郎自身も太田家の再興や国の期待などのプレッシャーを受け、「何かのために尽くすこと」が当たり前だと考えていたが、ドイツ留学後に自我が生まれ、欧米と日本のギャップを感じているような描写が見られた。欧米化を目指す日本の中の、どこか鎖国的な「自我」に対する考えがとても顕著に描かれていたと思う。

・「舞姫」によって、森鷗外が生きた明治時代の国家主義の考え方を実感することができた。日本は、第二次世界大戦を境に、国家主義という思想は、廃れたように感じる。そして、現在は、自由主義・個人主義への関心が高まっているだろう。そのため、日本史等で明治時代の国家主義について、学んでも実感が湧きにくかった。しかし、「舞姫」を通して、当時の日本は、国家主義への強制が行われていた。また、留学を通して、海外の自由主義に触れた人は、国家と自由の二者択一を迫られ、両者の両立は存在しなかった。

ヨーロッパと日本の関係、明治の日本が目指した方向性など、こちらの意図することが挙げられていた。また、政治の流れを追いかける歴史把握と異なり、エリスおよびその家族のような、ベルリンで暮らす貧しい人たちについて学ぶことができるのは、文学作品の特性と言えるだろう。

ただし、そのような「歴史的な事柄」の学びが、読解に変化を与えたかどうかを尋ねた質問では、「変わった」44.6%「変わらなかった」55.4%と答えており、読解にまでつなげるのが難しかったことがわかる。

どのような変化があったかは、以下のような記述が見られた。

・舞姫を読む前は、エリスと豊太郎の国を超えた恋愛の話のみで、歴史的背景などはあまり関係ないと思っていた。

・最初は太田豊太郎に対して、優柔不断が原因でエリスを捨ててしまうようなダメ人間だと思っていましたが、明治期における個人というものは今と感覚が全然違うということがだんだんわかってきて、豊太郎は当時の家を興そうとか国家のためとかいう集団的な枠組みの中で苦しんでいたのかなと思うようになりました。

・授業前にぼんやりと抱いていた舞姫のイメージは、途上国日本出身の太田豊太郎とはエリスを捨て逃げする野蛮な人物という漠然としたものだったが、作品を精読したことで、帝国建設を試みる政府や周りの同僚の豊太郎に対する圧力が結果的に、彼を捨て逃げという行為に追いやったということが明らかになり、豊太郎に対する認識が変化した。また当時の日本は発展途上だったので、諸外国に行った留学生が野蛮に扱われがちだと勝手に認識していたが、必ずしもそうではなく、現地の人から感心される部分もあったということを新たに認識したという変化。

・太田が、相沢の提案とエリスとの生活のどちらを選ぶかで葛藤するシーンについて、最初は単にストーリーの一部として、太田の性格が災いを引き起こしたものとのみ理解していた。しかし歴史的事実を学んだことで、このシーンは、太田が合理性と感情の間で思い悩んでいると解釈し得るものであり、それはすなわち、近代という時代を象徴するようなものであった、という理解に至ることができた。

「登場人物の心理を追っていく」という読解からすると、話の中心を「恋愛」や「豊太郎の弱さ」と捉えるのは間違っていない。そして、その要素は分析しなければならない要素でもある。しかし、歴史的な視点を入れることで、人間関係を時代の表れの一つとして考え、別な視点から読解できるようになっていると感じる。ただし、次に示すような記述もあった。

・舞姫は太田の行動や心情にフォーカスを当てている小説であり、太田留学に来てから日本に帰るという大筋のストーリーには歴史的出来事とは関わっていなかったため、歴史的な事との関係は薄いと感じた。

しかし、太田が初めてベルリンに来たときに見た景色（ウンテル－デン－リンデンなど）やエリスの家などは非常に細かく記述されているため、当時のベルリンの街並みを知ることができるという点では「歴史を知る頃ができる小説」と言えるかもしれない。

この生徒もしっかりと取り組んでおり、文学作品の歴史的背景に価値を見出しつつも、授業者が想定する読解の深まりには至っていない。歴史的背景を知識として獲得していくことを、国語の読みに繋げていくための工夫の余地があるのだろう。

「歴史と小説の関係」についての質問については、以下のような回答があった。

・「舞姫」は、その当時の社会背景などを理解していないと何を意味するのかよく分からない部分が多く、難しく感じたが、小説を通して歴史が見えてくるのは面白いと思った。この当時の社会状況や国際関係の知識がもう少しあればもっと深く理解できるかもしれないと思った。

・もし時代が明治ではなく今であったら、遠距離であっても恋人ではいられたと思うので、当時ならではの小説だと思います。一方で優柔不断であることを起因とする問題はいつの時代も変わらずあるので、その点で現代の「舞姫」を読む人に共感のようなものを感じさせるのではないかなと思います。

・小説は筆者の主張のようなものがあり、大抵は当時の価値観というのが文面に現れているものである。その時代的価値観は現代人にとって重要な資料となると思う。舞姫にしても、当時の中央主義というか、政府の強い力というものがありありと表れていて歴史の変遷の一部を覗くことができたと感じた。

歴史的な背景を知ることで、それぞれの時代の特殊性と、人間が感じること・考えることの普遍性を捉えることができる生徒が一定数いたということがわかる。また、短い記述ではあるが、以下のように答えた生徒もおり、授業者の意図したものに近づいていると感じている。

・舞姫を通し、当時の日本社会に生ける人々の価値観が伺える。この価値観が明治日本の歴史を形成する。

テクストには歴史性があり、そのようなテクストによって時代が作られていくことを理解してくれている。

8. 授業実践の成果

国語科の学習材は、文章であればそこに書かれている内容そのものを学ぶということと、内容そのものの読解や分析を通して身につけた力を他に拡大していくという二つの方向性がある。文学作品を読むにあたって、歴史的な事象を踏まえて読解することは、まず前者の「内容理解」の手助けになるだろう。しかし、歴史的な知識があって読みやすくなった、ということだけで終わるのであれば、そもそもそのような知識がなければ読めないものを学習材にする意味を問わなければならないだろう。そこで、他の価値観を知ることで現代や自分の感覚を相対化する、ということが達成できれば、後者の「身につけた力の拡大」につながるはずである。

「舞姫」の登場人物たちの思考や判断については、本文中にかなり詳しく書かれている。しかし、歴史背景がわからなければ、原因や動機について理解し難いと思うことになる。この部分は、今回の授業で（不十分なところはりながら）達成できている。その一方で、その視点をどのように自分の中に取り込んでいき、次につなげるのか、ということについては達成できたとは言い難い。もちろん、一つの作品読解を通して達成できるものではなく、年間計画あるいは高校三年間のカリキュラムの中で、少しずつ深めていくものなのだろう。

「歴史的な事象を知ることで読解を深めていく」という試みは、すべての文学作品に当てはめることはできないが、「舞姫」のような学習材では有効であり、価値観の相対化につながるものであるということは明らかになったと考えている。

「歴史と社会」実践編へのコメント

千田　洋幸

【加儀実践について】

魯迅『故郷』はおそらく、中学生が出会う教科書教材の中で、「社会」の問題がもっとも豊富にはらまれた小説だといえるだろう。教科書指導書の指導目標にも「人間」「社会」の語が必ず用いられ、卒業を控えた3年生に社会への認識をうながす役割を暗に期待されている。本実践でも、「これまで以上に社会との関わりが増えていくのを前に、『故郷』を通した社会を知る機会としての役割が見えてくる。ここに描かれている人物や、その人の生き方、またその人々をとりまく社会との関わりについて考えていく上でのひとつのきっかけとして、この作品が中学生に機能している」と『故郷』が位置づけられ、さらに、「これまでの経験で用いてきた言葉では表現できない可能性もある」という理解の壁の高さに、むしろこの教材を学習する価値が見いだされている。

問題は、授業の中で教材の社会性をどう顕在化させ、学習のプロセスに位置づけていくかであるが、実践者がまず導入したのは高田郁『ふるさと銀河線』・室生犀星「第二の故郷」との比較読みである。前者は（時代の違いはあるが）主人公が自己の成長のために故郷を離れる物語、後者は真の故郷ではない土地が第二の故郷として作者の内面に根づいていくという内容である。いずれも、故郷はいわば生の根拠ともいえる交換不可能な場として表現されており、魯迅『故郷』のそれとは明らかに異質だといえる。

この二つの作品を読んだ後の生徒A・Bの変化が興味深い。初読の感想段階では、閏土の貧しさや二人の関係の変質（生徒A）、美しい記憶の崩壊、「希望」のイメージの不明瞭さ（生徒B）についての感想が述べられ、その後は読みの深まりとともにそれらの物語要素が当時の中国の社会的・現実的な問題としてとらえられるようになる。ここまではしごく一般的な授業過程であるが、『ふるさと銀河線』「第二の故郷」の読みを通過した後は、「故郷への思いは完全には消えていないと思う。閏土や幼い頃自分が見てきた故郷と違う今に驚いているのだろうと思う」「昔と今の差を感じて今は帰りたくない故郷になっている」（生徒A）、「今この世にある「私」の「故郷」はあの美しい「故郷」ではないので、表面的・物理的である。そのため、場所としての「故郷」に思いはない」「永遠に行くことのできない、自分の心の「故郷」に対しての思いはより一層強くなると思う」（生徒B）と、明らかに主人公の故郷への感情にバイアスがかかった読みへと変化している。故郷のイメージが異なる三つの作品を読解することにより、「社会に根を下ろして生きてゆく人間にとって故郷の存在はどのような意味を持つのか」という問題に、生徒が接近していったことを示すものだろう。それぞれの作品に描かれた故郷は歴史も場所も異なるので、それをフラットに扱うことの問題はあると思われるが、主人公と故郷との距離を焦点化することによって、文学の学びに必然的にともなう社会性を顕在化させた点に、本実践の成果と独自性があるといえるだろう。

【日渡実践について】

「時代背景や価値観が「自分」と異なる作品に触れることは、自分の価値観の絶対性を揺らがせ、別の視点・観点で物事を捉えるきっかけを与えてくれる」「ある作品の歴史的背景を知り、その異質性を意識して読むことは、生徒自身の自己把握や現代に生きるヒントを与えてくれるきっかけになる」という意図のもとに、定番教材である森鷗外「舞姫」を取りあげた実践である。「舞姫」を発表当時（1890年）の歴史的文脈を踏まえて読む、というだけなら単なる注釈的読解の試みにとどまるが、その水準にとどまらず、歴史的事象の異質性の理解を自己の価値観の相対化につなげるきっかけとする、というところに本実践の独自性がある。

そして、「舞姫」は、このような目標を達成するためにふさわしい教材といえるだろう。多くの注釈・実証の試みが明らかにする通り、現在の人間の認識や価値観とは異なった部分をさまざまに内包する一方、日本の「近代」の創成期を描いた作品である故に、生徒達が生きているこの時代、つまり近代の延長線上にある現代社会とも接点をもつ。「舞姫」の物語世界は、生徒にとって、同質性や共通性を発見できる「同化」の対象であるとともに、違和感や距離感を呼び起こす「異化」の対象でもあることに、その歴史性を見いだすべき教材価値があると考えることができるだろう。

ただし、こうした前提を踏まえながら「価値観の相対化」すなわち自己の歴史意識の変革を授業の過程で経験する、という目標は、生徒にとってなかなかハードルが高いようであった。もちろん、授業後の振り返りとして、「「舞姫」は、その当時の社会背景などを理解していないと何を意味するのかよく分からない部分が多く、難しく感じたが、小説を通して歴史が見えてくるのは面白いと思った」「歴史的事実を学んだことで、このシーン（注・相沢の提案とエリスとの生活のどちらを選ぶかで葛藤するシーン）は、太田が合理性と感情の間で思い悩んでいると解釈し得るものであり、それはすなわち、近代という時代を象徴するようなものであった、という理解に至ることができた」「当時の中央主義というか、政府の強い力というものがありありと表れていて歴史の変遷の一部を覗くことできたと感じた」といった感想があり、歴史的文脈の導入が読解の深まりに貢献していることを確認することができる。ただ、実践者自身も指摘するように、「他の価値観を知ることで現代や自分の感覚を相対化する」という読解の水準に至ったか、という点では、未だ課題が残っているといえるだろう。生徒にとっての文学教材が、小説読解のスキルを獲得する以上の役割（今回の実践では、「テクストの歴史性をどのようにとらえ、それを自己の歴史意識にコミットさせるか」ということ）をどう持ち得るのか、という問題は文学教育一般がかかえる課題でもあり、今後もこうした実践が試みられなければならないと思われる。

おわりに

大澤　千恵子

本書は、文学研究の中で積み重ねられてきた理論と、同じく積み重ねられてきた授業実践とを、校種を超えて架橋していくための、一つの新たな試みであった。国語科において、文学的文章を「読むこと」には多くの様々な実践の蓄積があるが、現行の学習指導要領において、文学を「読むこと」を実体験と結びつけることが求められている。例えば、小学校第1、2学年「C　読むこと」の「考えの形成」において「オ　文章の内容と自分の体験とを結び付けて、感想をもつこと」が示されている。解説には、「文章の内容を、自分が既にもっている知識や実際の経験と結び付けて解釈し、想像を広げたり理解を深めたりすること」とある。だが、既有の知識や実体験と結びつけることが、想像を広げたり、理解を深めたりすることに繋がるとは考えにくい。

なぜなら、そもそもの問題として、本書の第一章で示しているように、文学はあくまでも現実とは異なる虚構（フィクション）だからである。虚構である文学を、児童・生徒の直接的体験や知識と結びつけることは、かえって虚構の持つ今・ここを超える力を矮小化する恐れがあるだけでなく、読解や共有に混乱を生じさせてしまう危険性がある。

そして、もう一つ、重要な点として付け加えたいことがある。同じ文学であっても、現実とは異なる別世界を描いた「ファンタジー」と呼ばれる形式と写実的な文学では、構造や内容に違いがある。そのため、物語領域の違いによって、読み手としての子どもたちの中に生じているイメージや現実との距離感、幻想性やリアリティも異なるはずである。このことは、先に示した「想像を広げ」た読みとも深く関わってくる。

だが、「読むこと」には、物語文と説明文の区別や、「論理国語」と「文学国語」の区分はあるものの、写実的な文学と空想的文学の違いには、あまり目が向けられていない。学習指導要領の区分は、図書館や書店で用いられる「フィクション」と「ノンフィクション」の分類とほぼ同じである。通常、「フィクション」にはおとぎ話や小説が、「ノンフィクション」には新聞記事や伝記、歴史書などがカテゴライズされるが、前者は想像力によって書いた虚構としての創作、後者は事実をありのままに書いた記述という線引きである。この分類は現実と虚構（あるいは空想）の関係性をより詳細に見るとき、一般に考えられているほど自明の理ではない。

近代西欧に誕生した児童文学は「フィクション」としての作品自体を現実との関係性からさらに細分化し、独自の研究領域を発展させてきた。児童文学が近代文学とは異なる特徴を持っているのは、その源泉を近代以前の昔話などの物語に持っていることと子どもを主たる読者の対象としていることに起因している。にもかかわらず、古典を除き、文学は近代文学を基準として考えられており、初等教育で多く扱われている空想的な物語文にもその読解の方法が適用されてきたのである。

文学における理論と実践を、小・中・高・大という系統的な学びの中で架橋しようとした本書の試みは、児童文学と近代文学をそれぞれの特徴を踏まえた上で総体としての文学を捉える可能性をも示したといえる。今回、空想的な児童文学は、小学校の実践一つに留まったために十分比較できなかった。今後、写実的文学と空想的文学の違いにも目を向けた実践例を増やして、子どもたちの読みのありようと児童文学の理論とを架橋していくことにより、これからの文学教育における想像力の新たな地平が拓かれると考える。

執筆者一覧

編著者

扇田浩水

（東京学芸大学ほか非常勤講師）

山田夏樹

（昭和女子大学専任講師）

大澤千恵子

（東京学芸大学准教授）

千田洋幸

（東京学芸大学教授）

執筆者（掲載順）

渡邉　裕

（東京学芸大学附属世田谷中学校教諭）

山口俊雄

（日本女子大学教授）

西川義浩

（文京区立駕籠町小学校主任教諭）

西山一樹

（青山学院高等部教諭）

加儀修哉

（東京学芸大学附属世田谷中学校教諭）

日渡正行

（東京学芸大学附属高等学校教諭）

編著者紹介

扇田　浩水（おおぎた・ひろみ）

東京学芸大学ほか非常勤講師。論文に「「本物」と「天才」をめぐる語りを読み解く授業」「「天才」はどのように描かれているか？」（2023年）など。

山田　夏樹（やまだ・なつき）

昭和女子大学専任講師。著書に『ロボットと〈日本〉』（2013年）『石ノ森章太郎論』（2016年）『「ドヤ街」から読む「あしたのジョー」』（2020年）。

大澤　千恵子（おおさわ・ちえこ）

東京学芸大学教授。主な著書に『見えない世界の物語』（2014年）『〈児童文学ファンタジー〉の星図　アンデルセンと宮沢賢治』（2019年）がある。

千田　洋幸（ちだ・ひろゆき）

東京学芸大学教授。主な著書に『テクストと教育』（2009年）『読むという抗い』（2020年）、監修として『12年間の「文学」の学び』（2023年）がある。

文学理論と文学の授業を架橋する
―虚構・語り・歴史と社会―

2024年 3月31日　初版第1刷　発行
2024年10月21日　初版第4刷　発行

編著者　扇田浩水・山田夏樹・大澤千恵子・千田洋幸
発行者　藤井健志
発行所　東京学芸大学出版会
〒184-8501　東京都小金井市貫井北町4-1-1　東京学芸大学構内
TEL 042-329-7797　FAX 042-329-7798
E-mail　upress@u-gakugei.ac.jp
https://www2.u-gakugei.ac.jp/~upress/
装　丁　八田さつき
印刷・製本　Smile with Art

Printed in Japan
ISBN 978-4-901665-65-0